工学部ヒラノ教授の中央大学奮戦記

今野 浩
Hiroshi Konno

工学部ヒラノ教授の中央大学奮戦記　目次

工学部ヒラノ教授の中央大学奮戦記

1　定年退職

一九九一年四月初めのある朝、末岡学長から電話が掛かって来た。一般教育担当のヒラ教授にとって、学長は雲の上の存在である。これまで学長と言葉を交わしたのは、東京工業大学（東工大）に赴任した九年前に、以前から面識があった松島学長に御挨拶に伺った時と、六年前に田村学長から、「中国科学技術大学」への出張を依頼された時の二回だけである。

〝電気帝国の帝王〟と呼ばれる末岡学長は、光通信技術のパイオニアで、後に文化勲章を受章する世界的な研究者である。

三年前までは研究一筋の生活を送っていた〝研究の虫〟は、突如工学部長選挙に立候補して、本命と見られていた機械工学出身の候補を破って当選。そしてその二年後には、高邁な理想を掲げて学長選に出馬して、対立候補との接戦を制して当選した。

国立大学の学長は、学長に就任した時点で教授ポストから離れ、大学行政に専念しなくてはならない。ところが末岡教授は、学長になったあとも研究を続けたいと主張して、事務局を困らせたという。

このことからも分かる通り、研究一筋だった末岡学長は、工学部長になるまでは、学内事情に疎かったのである。その一方で、自分の研究業績に自信を持っていたせいで、周囲の意見にはあまり耳を貸さなかった。末岡学長は歴代学長の中で、ワンマン度ナンバーワンの呼び声が高いコワイ人である。

「もしもし、末岡です。お忙しいところ恐縮ですが、学長補佐をお引き受けいただけないでしょうか」

「私に務まるでしょうか」

「香山先生にご相談しましたところ、先生をご推薦いただきました」

「わかりました」

補佐会のメンバーは、工学部長、理学部長、教務部長、図書館長、総合理工学研究科長、精密工学研究所長など、要職に就いている人ばかりである。一般教育グループからも、一人加えておけばガス抜きになるという理由で指名されたのだろうが、私の前に補佐を務めた香山教授が、政府の各種審議会の委員を務めるスター・エコノミストであるのに対して、私は統計学担当のタダの教授である。

タダの教授ならまだいい。エンジニアが忌避している金融工学の旗を振る私は、主流派エンジニアから、〝跳ねあがり教授〟だと思われていた。しかし、学長の〝お願い〟は〝命令〟だから、断るわけにはいかない。

思い出してみれば、末岡学長が工学部長を務めていたときに、人事課長から電話が掛ってきたことがあった。

「先生が週刊誌に連載しておられる『大学教授の株ゲーム』のことで、お耳に入れておいた方がよろしいことがあります」

「どのようなことでしょうか」

「昨日文部省から、〝週刊誌に連載記事を執筆すると、研究や教育に支障が出るのではないか〟という電話がありました」

「あれは二週に一回、原稿用紙八枚程度のコラムですから、本務に差しさわりは出ません。それにこの大学には、月刊誌や新聞に書きまくっている人もいますが、それは構わないのでしょうか」

「月刊誌はともかく、週刊誌に連載するのはいかがなものか、ということのようです」

「なるほど、分かりましたよ」

〝文部省の役人は、この程度のことで、わざわざ大学にクレームをつけるほどヒマではない。

おそらくこれは、金融工学が嫌いな末岡工学部長の意向を汲んだものだろう。出版社との約束があるので、今すぐ連載を中止するわけにはいかないが、適当なところでやめた方がいいかもしれない〟。

八〇年代末に発生した大バブルの中で、金融機関（銀行・証券・保険）は大量の理工系学生をスカウトした。金融自由化の時代を迎えて、欧米の金融機関と戦っていくためには、数学やコンピュータに明るい理工系学生が必要になったためである。

金融機関は、〝高給でクリーンなオフィスの金融ビジネス〟という甘い言葉で客引きする一方、ジャーナリズムは、製造業とその兵站基地である工学部を、〝きつい、汚い、苦しい3K集団〟と貶した。

これに対して大学側は、〝3K集団〟の汚名を返上すべく、さまざまな改革に取り組んだ。過重なカリキュラムの軽減、実験室の安全性向上、食堂やトイレの整備、キャンパス美化、女子学生優遇作戦、などなど。

また教授たちは、「日本を支えているのは製造業だ」、「銀行は理工系学生を使い捨てにする」、「証券業界は魑魅魍魎が跋扈する世界だ」という言葉で、学生たちの翻意を促した。しかしこれらの努力は、あまり功を奏さなかった。

この結果、八〇年代半ば以降、金融機関に就職する学生が急増し、バブルがピークを迎えた八九年には、その割合は三〇％（！）に達した。理工系学生の採用が難しくなった製造業の経営者は、学長に善処するよう申し入れたが、大学側は手の打ちようがなかった。

〝金融機関は礼儀知らずの学生ドロボーだ〟と考える工学部教授たちにとって、金融工学の旗を振る私は、〝エンジニアの敵〟だった。

一方欧米諸国では、物理学、数学、計算機科学、オペレーションズ・リサーチ（ＯＲ）など、理工系の専門家が続々と金融工学に参入していた。工学系大学の頂点に君臨するＭＩＴ（マサチューセッツ工科大学）は、金融工学における世界のセンター・オブ・エクサレンスだった。

〝製造業至上主義の東工大教授といえども、いずれ必ず金融工学の必要性を認めてくれるはずだ〟と信じていた私は、同僚たちの白い目を気にしながらも、東工大をわが国における金融工学のセンター・オブ・エクサレンスとして位置付けたいと考えていた。


一回目の学長補佐会が開かれたのは、五月の連休明けだった。

想像していた通り、補佐会は末岡学長の独演会だった。学長の意見に異を唱える木島工学部長に対する叱責の激しさに、私は息を呑んだ。〝大変なところに来てしまった。ここは無能を装って、二年の任期が過ぎるのを待つしかない〟。

ところが、早くも二回目にこの目論見は狂った。

「今日はまず、定年延長問題について議論したいと思います。それでは鈴木先生。検討結果を報告して下さい」

定年延長問題は、一〇年ほど前に設置された学長諮問委員会で、二年にわたって審議されたにもかかわらず、結論が出なかった難問である。

大半の教員は、東工大と東大だけが六〇歳定年制を施行していることに疑問を抱いていた。京都大学（六三歳）、筑波大学（六三歳）、東京芸術大学（七〇歳）を除く国立大学は、すべて六五歳定年である。

私が大学に入学した一九五九年当時、日本人男性の平均寿命は六五歳程度だった。つまり、六〇歳で定年退職した教授の大半は、古希を迎える前に寿命が尽きたわけだ。ところが、長寿社会が実現された今、六〇歳は人生の通過点の一つに過ぎなくなった。その上、国家財政逼迫の中で、近い将来、年金の支給年齢が段階的に引き上げられるものと予想されていた。

学長職を離れたあとは、研究の世界に復帰したいと考えている末岡学長は、〝本学の教授の多くは、（自分がそうであるように）六〇歳を過ぎた後も研究を続ける能力を持っている。退職したあと、ほかの大学に移ってバリバリ研究している人も多い。本学はむざむざ貴重な人材を失っている。この際、思い切って定年を延長すべきだ〟と考えていた。

ところが実力教授の間には、〝定年延長はもってのほか。むしろ五五歳に引き下げて、後進に道を譲るべきだ〞、〝（自分のように）有能な教授には、いくらでも再就職の口がある〞、〝研究能力が枯渇した高齢教授が、長々と大学に居座るのは有害無益だ〞、〝ライバルの東大が六〇歳定年なのに、東工大だけが延長するのはみっともない〞など、強硬な反対意見があった。

このため諮問委員会は、「この問題については、広く全学教員の意見を聞く必要がある」という〝無様な〞答申書を提出して解散したのである。

その後一〇年を経て、末岡学長は積年の問題に決着をつけるべく、鈴木教授に検討を依頼した。折からアメリカの大学では、定年制を廃止する動きが広がっていた。

ところが、六カ月かけて多角的な検討を行ったはずの鈴木教授の答申書には、〝学長が定年を延長すべきだと考えるのであれば、そのようにすればよろしい〞と書かれているだけだった。誰もが思った。〝これはワンマン学長に対する痛烈な皮肉だ〞と。このことに気付いた学長は激怒した。

「この報告書を受け取るわけにはいかない。書き直しなさい！」

「私にはこれ以上のことは書けません。書き直せとおっしゃるのであれば、補佐を辞任させていただきます」

「分かった。もうあなたには頼まない。誰かかかわりにやってくれる人はいませんか」

火中の栗を拾おうとする補佐はいなかった。

「いませんか。それではヒラノ先生。いきなりで申し訳ありませんが、お引き受けいただけませんか。あなたはオペレーションズ・リサーチの専門家なので、適任だと思いますが、どうでしょう」

突然一〇年越しの難問を振られた私は仰天した。補佐たちの目は、一斉に私に注がれた。〝殿さまご無体な〟と思ったが、学長の命令を断るわけにはいかない。

「どのくらいのお時間を頂けるでしょうか」

「半年程度で結論を出してください」

「はい。分かりました」

補佐会が散会したあと、高校の七年先輩に当たる辻川教授（図書館長）が慰めてくれた。補佐の中で、余裕を持って学長と付き合っているのは、学長と同じ電気工学が専門のこの人だけだった。

「大変な仕事が降って来たね」

「そうですね」

「あの人は、学問的業績は素晴らしいが、気が短いのが欠点なんだ。ところで成算はあるの？」

「あるような、ないような、と言ったところです」

私には、〝あれでやればうまく行くかもしれない〟という予感があった。あれと言うのは、オペレーションズ・リサーチ（OR）の世界で流行している、「AHP（階層分析法）」という手法のことである。

〝あなたは定年延長に賛成ですか、反対ですか。賛成の場合は六三歳を支持しますか、六五歳の方がいいですか。反対の場合は現状維持がいいですか、五七歳に繰り上げるのがいいですか〟。これが普通のアンケート調査である。

定年延長には一長一短がある。

延長すれば、ライフワークを完成させることができる、教員の生活が安定する、経験豊富なシニア教授は、若い教員に比べて、行政手腕や教育手腕が優れている、時代の流れにマッチしている、などのメリットがある一方で、研究能力が衰えた高齢教授を抱えると、国際的な研究競争に負ける、若い教員の昇進が遅れる、などのデメリットがある。

定年制を廃止したアメリカの大学では、教授たちは外部からの競争的研究資金を獲得することができる限り、大学に留まることができるようになった。この結果、大学は著しく高齢化した。ある有力大学では、教授の平均年齢が六〇歳を超える学科が出現して、問題になっているという。

アメリカの大学で定年制が廃止されたのは、加齢とともに衰える特殊な技能が要求される、パイロットなどの職業は別として、人種、性別、年齢などで、人間を差別することを禁止する法律が制定されたためである。

しかし、二〇代でピークを迎える科学者の独創性は、年齢とともに衰え、ほとんどの人は七〇歳でゼロになると言われている。したがって、大学が七〇歳以上の教員のすべてを雇用するのはナンセンスだ。そこで研究能力のあるなしは、外部研究資金を獲得できるか否かで判定しよう、というわけである。

教員に対する評価が甘い日本の大学が定年制を廃止すれば、大学は間違いなく養老院になる。では定年を何歳に設定すればいいのか。

そもそも教員たちは、何を基準に定年延長に賛成もしくは反対するのか。普通のアンケートでは、このあたりのことはよく分からない。ところがＡＨＰという手法を使えば、各教員がどのような基準で、定年延長のメリットとデメリットを比較判断しているかが分かるのである。

もちろんこの方法は、普通のアンケート調査より時間とお金が掛かる。〝しかしうまくやれば、三カ月程度で大半の教員が、五年程度の定年延長を支持していることが明らかになるはずだ〞。

五一歳の私は、九年後に定年を迎える。長男と長女は間もなく社会に出るが、次男はまだ中学生だから、六〇歳で大学をやめたら、次の職場を探さなくてはならない。一方定年が五年延長されれば、六五歳からあとは、退職金と年金で食いつないでいける。

〝日進月歩の工学の世界で、六五歳を超えた老人が一八歳の若者を相手に、古くさい内容の講義を続けるよりは、独創性がゼロになる前に引退して、何か別のことをやる方が賢明ではないか。自分が望むような結果が出れば、末岡学長は任期中に六五歳定年への道筋をつけてくれるだろう。そうなれば、私はこの大学で研究者としてのキャリアを全うできる〟。

学長から仕事を頼まれたとき、私はこう考えていたのである。

その後私は丸々五カ月かけて、全教員の三〇％に当たる三〇〇人の教員に対して、ＡＨＰによるアンケート調査を行った。結果は予想どおりだった。若い人も年配者も、九〇％以上の教員が、五七歳、六〇歳、六三歳、六五歳という四つの選択肢の中で、六五歳定年制が圧倒的に望ましい、と考えていることが明らかになったのである。

一〇〇ページに及ぶ報告書を読んだ末岡学長は、「この報告書はとてもよくできている」と褒めてくださった。このとき私は、〝これで六五歳までこの大学に勤めることができる〟と考えた。

ところが学長は、任期中にアクションを取ろうとしなかった。調査に要した五〇万円と、五か月の時間を無駄にした私は、裏切られたという思いを強くした。

このようなわけで、私は五五歳を超えるころから、定年後の再就職を強く意識するようになった。グレードが高い大学に呼んでもらう条件は、一にも二にも研究業績である。〝四〇代後半から、毎年五編近い論文を書いてきたが、再就職のためにはこれから先もペースを落とさずに、論文を書き続けなくてはならない〟。

一〇年前であれば、東工大教授の再就職先はいくらでもあった。学長、学部長は、国の研究機関の長、民間企業の研究所長、私立大学の学長などのトリプルAクラス。ヒラ教授でも、定年が七〇歳の私立大学、定年が六五歳の国立大学など。私が知る限り、再就職先が見つからない人は一人もいなかった。

ところが、一九六〇年代に始まった理工系大学拡充の影響で、工学部教授の数は三倍に膨らんだ。〝工学部大バブル〟のおかげで、大学時代の私の同期生の中で、修士課程に進んだ二八人中の二二人が大学教授のポストを手に入れた。

この結果、一〇年前には一年につき十数人だった定年退職者は、私が退職する前後三年間は、四〇人に達すると見込まれていた。これだけ多くなると、すべての教授がピカピカの研究者とは限らない。

しかも少子化の影響で、大学は縮小フェーズに入っていた。ある有力私立大学の工学部が、当分の間定年退職者の補充は行わないと宣言した時には、同業者の間に衝撃が走った。

このようなわけで、私が退職する一年前の西暦二〇〇〇年には、四〇人の退職者の中で定職についた人は、半数強に過ぎなかった。中には、特許使用料収入がある人や、人気ピアニストを奥さんに持つ人など、働かなくても暮らしていける教授もいた。しかし、そのような人は一握りに過ぎない。

工学部長を務めた梅室教授はかねがね、「定年後は、ゆっくりゴルフを楽しむつもりだ」と言っていたが、奥さんに「退職金と年金だけでは暮らせません」と言われたため、ぎりぎりで地方の私立大学にもぐりこんでいる。

また化学系のある有力教授は、国内に適当な再就職先が見つからなかったため、一時的にタイの大学に籍を置くことになった。このような話は掃いて捨てるほどあった。

四〇代半ばまで、「数理計画法」という堅気な研究をやっていた私は、専門家の間で一定の評価を得ていた。その後、アメリカ留学時代に知り合った友人が、金融工学の分野で大活躍していることを知った私は、八〇年代末にこの分野に参入して、わが国における旗振り役になった。

金融工学は研究者が少ない新分野だから、どこかの大学に拾ってもらえる可能性はある。しかし（金融）経済学者は、金融工学に参入したエンジニアを、領空侵犯者と見做しているから、経済学部や商学部から声はかかりそうもない。

工学部はどうかと言えば、金融工学に理解を示す大学は少ない。また政府のソフトウェア特許政策に反対している私には、味方が多いかわりに敵も多い。厄介なのは、有力な教授の中に金融工学反対派、ソフトウェア特許賛成派が多いことである。

可能性があるのは、一ダースほどの大学に限られる。これらの大学のポストを手に入れるためには、猟官運動をしなくてはならない。「〝二〇〇一年定年の旅〟に出ますのでよろしく」

このようなことを頼めるのは、親しい関係にある学会仲間だけである。ところが頼まれた相手も、空きポストがなければ手も足も出ない。〝ここしばらくは、どこかからオファーがあるのを待ち、積極的に動くのは、一年前くらいからにする方が賢明ではなかろうか〟。

2　最適停止問題

定年退職する二年ほど前に、都内にある私立A大学が計画している、夜間の社会人向けビジネス・スクールから声が掛った。金融理論と会計理論をカリキュラムの二本柱に据えたプランに、協力を求められたのである。

間に立ったのは、大学時代の後輩で、統計学が専門のS教授である。学部長就任を予定されているのは、統計学から金融工学に転身したH大学の大物教授だという。

しかし私は、慶応や早稲田のようなブランド大学ならともかく、中小私立大学の夜間ビジネス・スクールは、うまくいかないだろうと思っていた。日本の企業は、（一流とは言えない）私立大学のビジネス・スクール出身者を評価しないからである。

アメリカでさえ、二流大学のビジネス・スクール卒業生には、いい就職先がないという。〝雇用主が評価してくれないのに、会社の仕事を終えた後、高い授業料を払ってまで、夜間ビジネス・スクールで勉強したいと考える人は、どれほどいるだろうか。最初のうちは、物珍しさで来る人もいるだろうが、長続きしないのではないか〟。

教育負担は週に三日、六時から九時半まで二コマの講義と、一時間のオフィスアワー。帰宅するのは深夜になる。その上、昼の間も様々な雑用がある。

ORや統計学の分野で古くから研究されてきた、〝最適停止問題〟が教えるところによれば、一〇個の候補があるときには、（ある前提のもとで）最初の三つは見送って、四つ目以降の中で、それまでのどれよりも優れている候補からオファーがあった時に手を打つのがベストだという。候補が五つの場合も、最初の候補は見送る方が賢明である。実際私は、三〇代半ばに民間研究機関から大学に転出する際に、最初のオファーを受け入れてひどい目にあっている。〝いくつの大学からオファーがあるか分からないが、この件は見送った方がよさそうだ〟。

こう思っていたところ、この構想は白紙に戻った。都内の複数の有力大学が類似のプランを練っているので、オープンしても学生が集まりそうもない、と理事会が判断したためである。

A大学との縁談が壊れてまもなくやってきたのは、首都圏にある私立B大学の経済学教授のポストである。翌年退職する教授の後任として、金融工学の専門家を招きたいということだったが、調べて見ると、B大経済学部の入試には数学という科目がない。

高校時代に数学を勉強しなかった学生に、数学の塊のような金融〝工学〟を、どうやって教えればいいのか。〝このポストを受けるのは、ドン・キホーテが風車めがけて突撃するようなものだ〟と考えた私は、丁重にお断りした。

このあと暫くしてやってきたのは、中部地方の私立C大学に新設される予定の情報学部の学部長ポストである。勧誘に訪れたのは、研究上の付き合いがある、副学長のS教授である。

私は三年ほど前に、東工大に設立された「社会理工学研究科」の研究科長（かっての学部長）を務めたことがある。この仕事をやったおかげで、大学という組織が、どのようなメカニズムで動いているかを知ることができた。しかし、週に一〇回を超える会議、事務局との折衝、学外からの訪問者の応対、教員の不始末のしりぬぐいなどで、多くの時間を吸い取られた。

学部長は、誰かがやらなくてはならない大事な仕事である。しかし、様々な追加労働に対する見返りは、月六万円の超過勤務手当と、半年に八枚のタクシーチケットだけだった。

私立大学の場合、学部長に対する報酬は、国立大学よりかなり多いということだ。ところが学部長になると、学期中（約三〇週間）ずっと大学に張り付いていなくてはならない。妻が難病を患っているので単身赴任は難しい、という理由で断ったところ、ヒラ教授でもいいから来てくれという。

〝一年半も先のことだから、もう少し条件がいい大学から話が来るのを待った方が賢明ではなかろうか〟と思ったが、はっきり断らなかったために、次第に外堀を埋められた。一九九九年の暮れになって、S副学長はかねて恐れていた言葉を口に出した。

「新学部発足にあたっては、文部省に人事案を提出して、承認を受けなくてはなりません。その際には、就任予定者から承諾書をいただく必要があります。奥様のご病気のことがありますので、現時点で確約をいただくのは難しいかもしれませんが、万一おいでいただけなくなった場合は諦めますので、とりあえず現時点で承諾書を頂けないでしょうか」

「印鑑証明付きの承諾書ということですね」

「そうです」

「万一行けなくなったときは、了承していただけるということですね」

「その通りです」

印鑑証明付きの就任承諾書を出すと、建前上は撤回できないことになっている。しかし私は筑波大学時代に、承諾書を出したにもかかわらず、その後就任を断った人を大勢知っている。実際に来てくれたのは、三〇人中半数程度に過ぎなかった。

また数年前には、大物先輩教授の要請を断り切れずに、新設私立大学に承諾書を出してしまった私の助手が、重要な約束を反故にされたために就任を断ったところ、裁判を起こすと恫喝された事件があった。しかし、道義的にはともかく、承諾書には法的な拘束力がないことを知っていた私は、助手を窮地から救い出すことに成功した。

状況次第では断ることもありうる、という件について了解が得られたので、私はS副学長の要望にこたえることにした。これから先、どこからも誘いが掛らない場合の滑り止めになる、と思ったからである。

なお就任予定者が断った場合、大学は新しい候補を探して、大学設置審議会の審査を受け直せばいい。ところがこの手続きは面倒なので、大学によっては、恫喝してまでも就任を要請するのである。

三〇ページに及ぶ業績一覧表と、就任承諾書を提出してしばらくしたころ、中央大学理工学部の「経営システム工学科」からお誘いが掛った。

これは私にとって、最高の再就職先だった。後楽園にあるキャンパスまで、自宅から車で二〇分、電車でも四五分で行ける。定年は満七〇歳だから、もう一仕事できる。給料は国立大学を少し上回る。

担当講義数は、週に四コマないし五コマ。これは私立大学の理工学部の中で、最も少ない方である。このようなわけで、この大学は、東大や東工大を定年退職する教授の再就職先として、人気が高いと言われていた。

実際、中大の「情報工学科」には、東大の工学部長を務めた伊藤教授や、東工大の図書館長（学長に次ぐナンバーツーのポスト）を務めた辻川教授がいる。また情報工学科には、伊藤教授門下の知り合いが五人いるし、物理学科にも大学時代の同期生がいる。経営システム工学科を合わせれば、全部で一〇人である。これだけ多くの知り合いがいる大学は、中大だけである。

願ってもない縁談がやってきたのは、学科の中心人物である鎌田教授が、私の勤務先である東工大・経営システム工学科の出身だったからである（私は一九九四年に、一般教育組織から経営システム工学科に移籍した）。

鎌田教授からこの申し出を受けた私は、その場で「よろしくお願いします」と言って頭を下げた。しかし採用が確定するまでには、いくつかのハードルがあった。第一のハードルは、学科の人事委員会をパスすること、次のハードルは理工学部教授会の承認を得ること、そして最後に理事会の承認を得ることである。

東工大の経営システム工学科は、全国で二〇ほどの大学に設置されている経営システム工学科の頂点に位置する学科である。したがって、私の人事案が学科内で否決されることはないだろう（すでに学科内の合意が得られている可能性が高い）。

難関は教授会である。東工大の場合、ある学科が提案した人事が、教授会で否決されるケースは皆無である。学科主任が、あらかじめ他学科にサウンドして、同意が得られそうもない場合は、人事を取り下げるからである。

人事案に他学科が同意しないのは、よほどの場合だけである。同意しないと、自分たちが人事を提案した時に報復されるからである。
普通の場合、教授会にかかった人事案には、ほぼ全ての教員が○をつける。過半数が○をつければ合格だが、一〇%以上が×をつければ、後々まで語り草になる。「あの人の人事には、○○人が×をつけましたよね」

しかし、稀に教授会で否決される場合もある。最もよく知られているのは、東工大のE教授の人事が、出身大学の教授会で否決されたケースである。E教授は学生時代に、学界の大御所である指導教授と折り合いが悪かっただけでなく、仲間たちから〝あの人は何をしでかすか分からない〟と恐れられていた。

東工大でE教授の振る舞いを見ていた私は、仲間たちが恐れる気持ちが良く分かった。それはともかく、パスする見込みがない人事を教授会に諮ったのは、人事委員長の明らかなミスである。

E教授ほどではないにしても、私は〝よほどのことがあるケース〟と見做され、機械工学科や応用化学科の主任からクレームがつく可能性がある。なぜなら東工大では、機械、化学、土木などの専門家は、金融工学は工学とは呼べない、と批判しているからである。

教授会をパスしたあとも、心配はなくならない。有力理事の中に金融工学に否定的な人がいると、クレームがつかないとも限らないからである（私立大学の中には、理事が絶大な権限を持っているところがある)。

私は数理計画法、金融工学などの分野で、人並み以上の実績があったが、先に書いたような理由で、教授会をパスするまでは安心できないと思っていた。ところが教授会で投票が行われるのは、年が明けてからである。

一方C大学には、なるべく早い時期に、行けなくなったことを伝えなくてはならない。ではどの段階で伝えるか。

その機会は意外に早くやってきた。妻の難病が進行して、身の回りの事ができなくなってしまったのである。このような妻を東京に残して、単身赴任するわけにはいかない。もちろん通勤は不可能である。病院や子供たちのことがあるから、妻は地方移住を嫌がるだろう。

〝この際、妻のことを第一に考えなくてはならない。では中大の人事が頓挫した時はどうするか。その時はその時だ。定年までまだ半年以上あるから、どこかから声が掛るだろう〟。

こうして私は、教授会で投票が行われる前に、行けなくなったことをS副学長に伝えた。ところがC大は、既に大学設置審議会から、私の人事案に関する承認を得ていた。

私が担当することになっている四つの科目のうち、三つは非常勤講師を手当てできる標準的科目であるが、四つ目の「ソフトウェアの権利保護」には替わりが見つからないという。文部省から認可を受けた講義は、少なくとも最初の二年間は開講しないと、新学部設置認可を取り消される可能性があるという。

このようなわけで、私は二年にわたって、非常勤講師を務める羽目になった。今では世間に知れ渡っていることだが、非常勤講師なるものは、完全な勤労奉仕である。片道四時間かけてC大学に出向き、九〇分の講義をやったあと、四時間かけて自宅に戻る。丸一日がかりで、報酬は一万円に届かない。

最終的には、大学側が交通費負担を減らすために、隔週二・五コマの講義を六回やって済ませることになったが、就任承諾書を出したおかげで、二年にわたってこのような苦役を背負うことになったのである。

しかし私は、この程度で放免されたことに感謝していた。定年後一〇年にわたって、この大学で単身赴任生活を強いられることになった知り合いの東大名誉教授に比べれば、私の苦労は屁のようなものだからである。

夏休みが終わって間もないころ、眉目秀麗な青年が東工大のオフィスに姿を現した。

「こんにちは。先日お電話を差し上げました、中大の経営システム工学科三年生の山村怜一郎です。きょうは、いくつかお尋ねしたいことがあって伺いました」

「どのようなことでしょう」

「来年四月に、中大に理財工学担当の先生が赴任することになったそうです。しばらく前に、東工大のホームページを検索したところ、先生が『理財工学』という本を出しておられることが分かりましたので、どのような研究かお話を伺わせていただけないでしょうか」

「そうですか。確かに私はそのような本を出しました。理財工学というのは、企業経営における四大資源の一つである、お金に関する工学的研究のことです。少し専門的な言葉を使いますと、キャッシュ・フローの計量と制御に関する学問です」

「面白そうですね。来年中大に来られる先生について、お心当たりがあれば教えて頂けないでしょうか」

「うーん、誰でしょうね。新しい分野なので、この種の研究をやっている人はあまり多くありません。特に私のような年寄りの中には、ほとんどいないのが現状です」

「そうですか」と言って、山村君は笑みをもらした。

「中大に移るのは私です」という言葉が出かかったが、教授会を通るまでは口外しないのがルールである（しかし、多分ばれただろう）。勘が鋭い学生の存在を知った私は、中大に移るのが楽しみになった。

最終的に私の人事が確定したのは、二〇〇一年二月、定年退職の二か月前だった。

三月半ばに、内山学長が退職教授を招いて、永年勤続に対する慰労会を開いてくださった。

感謝状とともに、三〇年前に父が地方国立大学を退職する際に貰ったものと同じ、銀の杯を頂戴した。

会議室には、三〇人弱の退職教授が集まっていた。一〇人あまりの欠席者は、既に新任地に移動した人と、再就職先が決まっていない人である。都心にある有力私立大学への再就職が決まった私は、四〇人の中で最も恵まれた一〇人の中に入っていた。

珍しく紅茶とケーキが振る舞われたが、あまり会話が弾まなかったのは、就職先が決まっていない人たちに遠慮したためである。

この数か月前に、定年が五年延長されることが決まった。ただし、すぐに延長すると、在職者に対する影響が大きいので、大量の退職者が出る団塊グループが卒業した後、すなわち二年後の二〇〇三年から実施されることになった（これが決まるときには、私が実施したAHP調査が決定的な役割を果たしたそうだ。五か月の努力は、無駄ではなかったのである）。

定年が延長されることを知ったとき、私は複雑な感慨を抱いた。

〝もう少し早く決まっていれば、二年前に設立された、日本で初めての金融工学研究組織「理財工学研究センター」の仕事を続けることができた。五年あれば、このセンターを世界のセンター・オブ・エクサレンスに育て上げることができるだろう。しかし、五年でクビになるより、一〇年間研究を続けられる中大に移る方がいいかもしれない。一〇年あれば、これまで目標として来た、レフェリー付き論文一五〇編を達成できる〟。

この考えに冷水を浴びせたのは、永年勤続表彰会で隣に座った、物理学科のN教授である。

「あなたは中大に行くそうですね。あそこは立地条件がいいし、給料もいいから羨ましいですね」

「慶応よりはいいという話ですが、それほど大きな差はないでしょう」

「ぼくは広島の私立大で雇ってもらうことになったんだが、女房がそんなところには行きたくないと言うので、単身赴任ですよ」

「それは大変ですね」

「私立大学は、教育負担が多いので大変ですよ。講義は週に六コマで、卒研生は二〇人。まるで小学校ですよ。実際、分数の足し算ができない学生がいるらしい」

「そういう学生に物理を教えるのは大変ですね」

「物理は一コマだけで、専門とは無関係な情報処理とか統計学をやらされるんですよ。私立大学というところは、教員をティーチング・マシーンだと思っているんだ。研究なんかやらなくてもいいから、学生の面倒を見ろということだ。雑用も多いらしいが、ぼくは教育はやるけれど、雑用は一切やらないつもりだ。中大は少しましかもしれないが、私立大学はどこも大同小異だから、体を壊さないように適当にやるんですね」

週六コマの講義はともかくとして、卒研学生が二〇人もいると、名前を覚えるだけでも一苦労である。中には、こちらが卒論を書いてやらなければならないような学生がいるかもしれない。

東工大というピカピカの学生の集まりから、低偏差値集団の中に放り込まれた教授は途方にくれる。研究意欲をそがれた教授は急に歳を取る。そして最後の一〇年を、ティーチング・マシーンとして過ごすことになるのである。

退職前の三カ月は、残務整理に追われた。最も厄介なのは、助手の就職先のあっせんと図書館から借り出した書籍の返却である。

幸いなことに優秀なU助手は、末岡・元東工大学長が所長を務める「国立情報学研究所」の講師ポストに押し込むことに成功した。

助手問題とは比べ物にならないが、図書返却も頭が痛い問題だった。（くそまじめな）同僚教授の中には、かつての学生たちに、「かくかくしかじかの本をお持ちでしたら、至急返却して下さい」という手紙を送った人がいた。しかし、返って来たのは数冊だけだったという。

私の場合、行方不明の書籍は約一〇〇冊。一冊一万円として、退職金から一〇〇万円程度の弁償金を覚悟していたところ、「〇〇、××以下一〇〇冊の書籍を紛失致しました。今後二度とこのようなことがないよう注意いたします」という始末書一枚を提出するだけで、無罪放免になった。

かつて日本の大学において、図書(特に洋書)は極めて重要な資産だった。学長に次ぐナンバーツーのポストが図書館長だったのは、その時代の名残である。しかし、文学や哲学はいざ知らず、日進月歩の理工学の世界で、古くなった専門書を返却してもらっても意味がない。それに図書館の収納スペースには限りがある。かような次第で、私は一〇〇万円を払わずに済んだ。

二〇年にわたって貯め込んだ本や資料の三分の一は、もはや無用の長物である。しかし不用品を選び出すのは手間が掛るので、すべて新しい職場に運ぶことにした。

ところが最も価値がある資産、すなわちいくつかの企業から頂戴した一九〇〇万円の奨学寄付金は、持ち出すことが出来なかった。

奨学寄付金(委任経理金)というのは、自分たちの仕事と関係が深い研究をやっている教員に対して、企業が大学を通じて寄付する研究資金のことである。一社当たり年間一〇〇万円程度の少額寄付であるが、一〇社集まれば一〇〇〇万円になる。

私のような理論研究者への寄付は、高々三社、合計で一年あたり二〇〇万円程度だった。このお金は、国から支給される研究費と違って、使用できる範囲が広く、年度をまたいで使用することができるので、とてもありがたいものである。

しかし私は毎年コンスタントに、三~四〇〇万円の科学研究費を貰っていたので、それを年度末までに使い切るのに苦労していた（余った分は返却すればいいのだが、その手続きはひどく面倒だし、翌年以降の支給額を減らされるかもしれないので、毎年最後の一円まで使い切った）。

理論的研究をやっている教員の場合、パソコンや各種ソフトウェア、書籍、消耗品、出張旅費、秘書や学生のアルバイト代金が出費の大半を占める。ところがこれらの経費は、すべて合わせても年間四〇〇万円あれば十分である（十分すぎた）。

そこで奨学寄付金にはなるべく手を付けずに、いざという時のために取っておいたのである。退職間際になって、このお金は海外から訪れる研究仲間の接待費や、研究会での弁当代にも充当できることがわかった。

事務職員の間で流布されていた噂によれば、大学付近のバーで毎週のように開催される研究会（？）の経費数百万円を、奨学寄付金から支出した豪傑教授もいたらしい。

国立大学同士であれば、移籍先に移管することが出来たのだが、一九〇〇万円のすべてを、二人の同僚と事務局に献呈することになった。残念なことをしたものだが、棚ボタで一二〇〇万円の奨学寄付金を手に入れた二人の同僚は、大喜びしたはずだ。また七〇〇万円を引き継いだ事務局は、残業の際の夜食代に充てたのではなかろうか。

このとき私は、中大に移籍してからは、奨学寄付金は一円残らず使い切ろうと決心したのでした。

3　新天地

読者の中には、中央大学は多摩にあると思っている人が多いだろう。実は私も、一〇年ほど前に国際シンポジウムが開催されるまでは、多摩にあると思っていた。ところが理工学部だけは、文京区春日という都心の一等地にある。

一般の人々が中大・後楽園キャンパスのことを知ったのは、おそらく二〇〇八年に、電子工学の専門家である高窪統教授が、学内のトイレでかつての教え子に襲われ、命を落としたときだろう（あの時は、ヘリコプターから撮影した理工学部キャンパスが、テレビで繰り返し映し出された）。

後楽園キャンパスは、丸の内線の後楽園駅と南北線の春日駅から五分、中央線の水道橋駅から一五分弱のところにある。また数年後に都営大江戸線が開通すると、春日駅で南北線とつながることになっていた。都心から遠く離れた、多摩キャンパスの交通の便の悪さに比べると、天国と地獄の違いがあった。

その一方で、敷地は七〇〇〇坪しかない。多摩キャンパスの二〇分の一、東工大・大岡山キャンパスの一〇分の一以下である。中大の応用化学科を卒業したあと、東工大の大学院に入学したある学生は、「東工大のキャンパスは広すぎるので、くたびれる」とぼやいていた。

中央大学は、一八八五年に設立された「英吉利法律学校」を前身とする大学で、司法試験の合格者数で、東大と常にトップを争ってきた。法曹界や政・財界に有能な人材を送り出す中大は、〝法科の中大〟と呼ばれていた。

一九七〇年代末に、千代田区駿河台にあったメインキャンパスが多摩に移転してからは、やや陰りがみられるようになったものの、学内では依然として法学部が絶大な力を持っていた。

一方の理工学部は、一九四九年に設立された歴史が浅い学部である。数学科と物理学科の理学系二学科、土木工学科、精密工学科、電気・電子・情報・通信工学科、応用化学科、経営システム工学科、情報工学科の工学系六学科からなり、二〇〇一年四月時点の専任教員総数は約一一〇人、(学部)学生数は一学年当たり約一一〇〇人である。

学生数が東工大とあまり違わないのに対して、教員数は敷地同様、東工大の一〇分の一程度にすぎない。東工大には各種の研究所や大学院オンリーの組織があるし、多数の助手ポストがあるので、単純な比較はできないが、経営システム工学科の場合は、専任教員一二人に対して、一学年の学生定員は一一五人だった。

したがって一人の教員は、一〇人程度の卒研生の面倒を見なくてはならない。例年一〇%ほど多くの学生を受け入れているので、初年度に私の研究室に所属した学生は一三人だった（東工大の場合、教員一人当たり四人が標準だった）。

東工大では、教授一人につき一人の助手がいて、研究・教育活動をサポートしてくれた。一方、中大には助手ポストがない代わりに、六人の技術員ポストがあって、一人の技術員が二人の教員の教育活動を手伝ってくれた。

「経営（システム）工学」というのは、組織の経営にかかわる四大資源、すなわち〝ヒト、モノ、カネ、情報〟の効果的組み合わせについて、工学的立場から研究する学問である。文系大学における「経営学」との違いは、数量的・工学的アプローチを重視することである。

土木工学、機械工学、電気工学、応用化学などと違って、経営（システム）工学は文系と理系にまたがる分野なので、一般の人に説明するのは難しいが、少しばかり説明すると、ヒトの研究に関しては人間工学・感性工学、モノについては生産管理・品質管理・信頼性理論、カネについては財務管理・会計学・金融工学、情報に関しては、技術管理理論・経営情報システム理論などの専門分野がある。またこれらに共通する技術として、統計学、OR、計算機プログラミングなどの研究・教育も行われている。

中大は、関東地区の私学の中で、早・慶に次ぐMARCH（明治、青山学院、立教、中央、法政）

グループに属する大学である。赴任当時の中大は、明治と覇権を争っていたが、私の当面のライバルは、MARCHグループではなく、一駅隣りの飯田橋にある東京理科大の「経営工学科」だった。

東京理科大は、東工大の姉妹校という趣の大学で、東工大の大学院には理科大出身者が溢れていた。一方、中大出身の学生はほとんど見かけなかった。理科大が「東京物理学校」と呼ばれていた時代から、研究者、教員養成志向の大学だったのに対して、中大は実務家養成を重視する大学だからではないだろうか。

私には、理科大に何人かの知り合いがいたが、理科大の神楽坂キャンパスは、とてもゴミゴミしたところだった。狭いキャンパスには、多くのビルが立ち並び、ほとんど空きスペースはなかった。

また教員の研究室は、とても手狭だった。たとえば、経営工学科のH教授の研究室は、東工大の私の研究室の三分の二しかなかった。その上、そこには三人の大学院生が同居していて、電話が掛かってくる度に、H教授が学生に取り次いでいた。

一方、中大・情報工学科の伊藤教授のオフィスも東工大の三分の二程度だったが、学生のためには教授室と廊下を挟んだ反対側に、広々としたスペースが用意されていた。スペースの点では、東工大と大きな違いはなかったのである。

ところが入試偏差値による大学ランキングでは、理科大が中大理工学部を圧倒していた。理科大が全国各地にキャンパスを持つ、全国区大学であるのに対して、中大理工学部は関東地区に特化した〝ローカル大学〟だからである。

中大に移ることが決まったとき、私は自分の在任中に、(ほかの学科はともかく)経営システム工学科が、理科大の経営工学科と遜色がない学科になってほしいと願っていた。私が見る限り、理科大の教員と中大の教員のクオリティーには、大きな差がなかったからである。

三月末に学科の会議室で、退職教員の送別会兼新任教員の歓迎会が開かれた。主任の挨拶のあと、私と入れ替わりに定年退職するY助教授のスピーチがあった。

モスクワ留学時代の思い出話から始まり、自分がいかに重要な研究をやってきたか、それにもかかわらず、この大学でいかに冷遇されてきたかに関する延々たる愚痴。そして最後は、自分が担当してきた「ゲーム理論」の講義が、私の赴任に伴い廃止されることに関する恨み辛み。

「一〇分程度でお願いします」という学科主任の言葉を無視して、一時間近い独演会の大半は、同僚と私に対する当てつけだった。間もなく七一歳を迎えるY助教授は、すでにどこかのねじが外れていたようだ。

後で学生に聞いたところでは、この先生の講義は、毎回モスクワ留学時代の思い出話が繰り返され、肝心のゲーム理論は(数学科出身だけあって)、抽象的な数学理論ばかりだったという(ゲーム理論で使われる数学は、金融工学で使われる数学と同程度以上に難しい）。

かなりおかしいY助教授の〝最後の独演会〟のあとは、まだおかしくなっていないはずの私の挨拶。短い方がいいという教えに従って、三分で挨拶を終えたあとは、ビールやワインを飲み、生協から取り寄せたジャンクフードを食べながら歓談した。

Y助教授は早々と退席したので、残留教授たちは、いかにこの人物との対応に苦労してきたかについて語ってくれた。一〇年以上悩まされ続けた問題助教授が居なくなるので、一安心かと言えば、そうでもないらしい。

この学科には、軍曹タイプのアカハラ講師が居るという。またもう一人の助教授は穏やかな人柄だが、体調が悪いので、ほとんど卒研ゼミを開かないということだった。

アカハラ、セクハラ教授はどこの大学にもいる。たとえば東工大のN助教授は、若いころは学科の将来を担う逸材と見られていたが、助手にアカハラを働くだけでなく、博士課程の学生を成果が出る見込みがない研究に引きずり込んで、才能を潰すと言われていた。このような有害助教授でも、講義をやって会議に出席していれば、懲戒処分は受けない。

この人以外にも、海外出張や持病があるという理由で、毎年半分しか講義をやらない教授や、メンタル・ブレークダウンを起こして講義ができなくなった（もちろん、研究はできない）教授も、定年まで教授ポストにとどまった（名誉教授に推されたかどうかは知らない）。

二〇〇一年四月五日の朝、私は東工大に勤めていたときと同じく、朝六時前に自宅を出て、錦糸町で総武線に乗り、水道橋駅で降りて、東京ドームの横を通って六時半過ぎに大学に着いた。

校門が閉まっているので守衛さんに尋ねると、開門は七時だという。東工大では、校門は二四時間オープンしていた。実験に夢中になって終電車を逃した学生は、ソファーで仮眠を取って始発電車で帰る。

校則では、学生も教員も大学で寝泊まりすることは禁じられている。夜中になると守衛が見回りに来るが、「そろそろ終電車の時間ですよ」と言うだけで、追い出すようなことはしない。一〇〇人以上の学生を毎晩追い出していたら、身体が持たない。

七時前に出勤すると、向こうからぞろぞろと学生や助手が歩いてくる。ちなみに私の助手は、週六日間研究室に寝泊まりしていた。

中大では規則通り、学生は一一時になると守衛に追い出される。東工大に比べてキャンパスが狭いので、二〜三人で学内全体を見回ることは可能である。

一一時に校門が閉まると、翌朝七時まで大学を抜け出せなくなる。大多数の学生は、八時間も幽閉されるのは御免蒙りたいと考える。また教員の大半は所帯持ちだから、その日のうちに帰らないと家庭争議が起こる。

開門まで大学の周りをうろついた私は、せめて六時半に開門してほしいと思ったが、赴任早々学科会議でこのようなことを発言すると、変人扱いされること間違いなしである（どこの組織も同じだろうが、はじめのうちは○○を装って、おとなしくしていた方が安全である）。

私の研究室は、耐震基準が厳しくなる直前の一九八一年に建てられた、一二階建てのビルの一〇階にあった。窓からは後楽園の駅ビル、東京ドームの丸屋根、後楽園遊園地の観覧車、文京区役所などが見えていた。

初年度に担当する講義は、Y助教授のあとを引き継いだ「ゲーム理論」のほかに、学部向けの講義が二コマ、大学院生向けの講義が二コマ、夜間学生向けの講義が一コマ、そして一三人の四年生に対する通年の「卒研ゼミ」が二コマである。

全部合わせると、一学期あたり平均で九〇分授業が四・五コマだから、東工大時代の二倍以上である。若手教員の中には、五コマ以上受け持っている人もいた。このほかに、学外の非常勤講師にお願いしている講義もある。開設講義数は東工大の三倍である。

私学の理工学部教員は、国立大学に比べてずっと多くの時間を、教育に割いているのである。〝これほど多くの講義を開設する必要はあるのだろうか。教育だけでなく、研究でも競争しなくてはならない理工系学部では、教育負担を少し減らして、研究に充てる時間を増やした方がいいのではないか〟と、赴任当初の私は考えていた。

担当する講義のほとんどは、一〇〇人以上の学生を対象とする大人数講義である。これまでの経験から言えば、講義担当者の負担は、受講者数の平方根に比例して増大する。出欠確認、期末試験やレポートの採点に時間が掛るだけでなく、私語が溢れる大教室全体に届くように大声を張り上げると、九〇分で体重が一キロくらい減る。熱中症になると厄介なので、私は教室にペットボトル入りのお茶、もしくは缶コーラを持参した。

元東工大教授の大半は、毎学期五コマの大人数講義を担当させられたら、意気阻喪するだろう。しかし私は、それほど苦にならなかった。なぜなら東工大時代に、二五〇人の一年生を相手にする講義を、一〇年以上担当した経験があったからである。

私はこの一〇年の間に、〝ゲーム理論を応用したヒラノ式出欠確認法〟、〝私語削減話術〟、〝カンニング防止法〟、〝レポート採点負担軽減法〟を発明した。これらの発明と、東工大時代に書いた四冊の教科書は、中大でもそのまま使うことができる。

なおゲーム理論を応用した〝ヒラノ式出欠確認法〟は、誰の手も煩わさずに、一〇〇人以上の学生の出欠を確認する方法である（関心がある読者は、『意思決定のための数理モデル入門』（朝倉書店、二〇一二）の第六章を参照してください）。

工学部の学生だった時に、ゲーム理論を卒論のテーマに選んだ私は、一年がかりで四〇〇ページを超える専門書を読破した。その結果分かったのは、〝ゲーム理論は奥深い学問だが、工学的な意味で役に立つのは、当分の間「ゼロ和二人ゲーム」だけである〟ということだった。役に立たないことを勉強するのはバカげていると思った私は、その後ゲーム理論には関わらないことにしてきた。

〝役に立つことをやる〟という任務を負った工学部の学生に、役に立たないゲーム理論を一五回も講義するのはナンセンスである。しかし、「ゲーム理論」というタイトルの講義で、ゲーム理論について何も触れないわけにはいかない。

そこで、三コマを使って、ゲーム理論の出発点になった「ゼロ和二人ゲーム」と、「囚人のジレンマ」を説明したあとは、東工大時代に書いた教科書『数理決定法入門　キャンパスのOR』（朝倉書店、一九九二）を使って、〝役に立つ〟ORの講義をやることにした。

次は卒研ゼミである。東工大では希望者が多いときは、じゃんけんという原始的な方法を使って配属を決めていた。ところがこの大学では、「線形計画法」というOR手法を使って、学生の満足度が最も大きくなるように配属を決めていた。

二〇年ほど前に、学科所属や研究室所属のために私が考案したこの方法は、前記の教科書で紹介され、全国的に有名になったものであるが、東工大では採用して貰えなかった。なぜならこの方法は、人気投票的色彩が強いため、不人気学科や不人気教授の反発を受けたからである。

しかし私は、卒研ゼミの所属は、学生の希望を可能な限り生かすべきだと考えている。この意味から言えば、中大方式は東工大のじゃんけん方式に比べて圧倒的に優れている。

ところで、相手がどういう人物か分からないのに、一三人の成績上位学生が、私の卒研ゼミを選んだのはなぜか。その理由は、彼らが理財工学（金融工学）を勉強して、金融機関や金融関連ビジネスへの就職を狙っていたからである。

九〇年代初めにバブルが崩壊して以来、大学生は就職難に悩まされていた。世の中では、就職氷河期という言葉が使われていた。山一証券と北海道拓殖銀行の倒産や、大銀行の合併などに見られるように、金融ビジネスも苦境にあった。

学生たちはそれでも、製造業やＩＴ産業よりはましだと思ったのだ。少しでもいい就職先にありつきたいと考える学生が、金融関連企業に目をつけた。そんなところに、金融工学の専門家がやってきたのである。

一三人の中には、東工大では見かけないトホホな学生もいた。しかし、半数近くは一三〇人の学生の中で、ベストテンに入る成績を収めた秀才だった。何回かゼミで彼らとつきあった私は、〝この人たちは、一浪すれば東大や東工大に合格したのではないか〟という印象を持った。日本経済が低迷を続ける中で、彼らは親の懐具合を慮って、浪人することを避けたのだ。

一三人の中で特に優秀なのは、半年前に東工大に偵察にやってきた山村君と、三木さんという女子学生である。配布された学業成績を見ると、一三人中一〇人がベスト二〇に入っていた。

週二時間半のゼミでは、前期を私が書いた教科書『線形計画法』（日科技連出版社、一九八七）の輪読に、後期は卒業論文に関する発表に充てることにした。

卒業〝論文〟と言うと、立派な印象を与えるが、実際には期末レポートの拡大版のようなものである。卒研ゼミに出席して、年に二回の輪読ノルマを果たしたうえで、何らかのテーマについて、経営システム工学科で学んだ手法を用いて分析を行い、起承転結があるレポートを提出すれば、合格させることにした。

卒研学生の大半は、すでにほとんどの単位を取り終え、就職活動に全力を挙げていた。中にはゼミの発表当番が面接と重なったため、発表をすっぽかす学生もいた。就職競争が激しさを増す中で、年々このような学生が増えて行った。

学生にとって、就職は一生の問題だから仕方がないとは言うものの、四〇社を超える企業の面接を受ける必要はあるのだろうか。リクルートなどの就職情報企業の戦略に踊らされているのは、まことに憂慮すべきことである。

しかし中には、大学院進学を目指して、しっかり勉強している学生もいた。その一人である山村怜一郎君とは、この後一六年にわたって付き合うことになるのである。

4 経営システム工学科

経営システム工学科のスタッフの中で、赴任する前から面識があったのは、品質管理が専門の久留島教授（東大名誉教授）と、統計学が専門の鎌田教授の二人である。

文化大革命が終わって間もない一九八四年に、私は久留島教授の依頼で、東大工学部と提携関係を結んでいる「中国科学技術大学」に、出張講義に出かけたことがある。もともとは北京にあったこの大学は、文革の際に四人組によって、安徽省合肥に下放された気の毒な大学である。

本来であれば、東大のスタッフが行くべきところである。しかし、行ってくれそうな人は既に行ってしまったし、もう一回行ってもいいという奇特な人はいない。なにしろ出張先の合肥は、上海の西方四〇〇キロに位置する僻地である。

幹事役の久留島教授は、窮余の一策として東工大に話を振った。依頼を受けた田村学長は、（握り潰すこともできたはずだが）一般教育担当のヒマ人に行ってもらおうと考えた。学長の依頼を断ることはできないと考えたヒラ教授は、泣く泣くこの仕事を引き受けた。

上海から汽車で約一〇時間。到着した合肥の街は、（開学当時の筑波大学と甲乙つけがたい）僻地だった。駅から大学への道乗りで、交通信号がない泥んこ道を、われわれを乗せたポンコツ車がビュンビュン飛ばすことに肝を冷やしたあと、到着した宿舎の内装が豪華なことにびっくり。私は中国政府から、大臣級の俸給（とは言っても円換算で月五万円くらい）を支給されるＶＩＰなのである。

大学の建物は宿舎に比べると安普請で、五〇メートル以上ある廊下には、四〇ワットの裸電球が二～三個付いているだけだった。案内役のＭ教授は、「中国人は目がいいので、暗くても問題ありません」と説明したが、本当だろうか。

到着した翌日、私はＭ教授の家に招待され、一週間分の給料をはたいた亀料理をご馳走になった。３ＤＫアパートの一室の中央には、〝家宝扱いの〟日本製・電気冷蔵庫が鎮座していた。

劣悪な環境に私を〝下放した〟田村学長と久留島教授を恨みながら、一五〇人の聴衆に対する二〇回の講義を行ったあと、汽車に一七時間揺られて北京に移動。ここで更に三回の講演を行ったあと、万里の長城や故宮博物館を見物して、三週間後に日本に戻った。

その後間もなく中国政府は、日本にあれこれ難癖をつけ始めた。彼らのむちゃくちゃな言いがかりを耳にするたびに、私は彼らのために勤労奉仕した自分のアホさ加減を悔やんでいた。

しかし、〝禍福の転じて相生ずる、その変見難きなり〟という諺のとおり、世の中何が起こるか分からないものである。このときの苦役の投資収益率は、一〇〇万%だった。なぜならこの仕事を断っていれば、金融工学がお好きでない久留島教授は、私の中大への移籍に反対した可能性があったからである。大御所が強く反対すれば、鎌田教授が頑張っても人事は通らない。

品質管理の専門家の中には、怖い人が多い。しかし、久留島教授は細かいことにこだわらない、〝お公家様のような〟人だった。私は数年にわたって、「FMES（経営工学関連学会連合）」の委員を務めたことがあるが、このときは久留島委員長のおおらかさと、切れ味の鋭さに舌を巻いた。

中大に移籍することが決まったあと直ちに、私は三つ年上の久留島教授にご挨拶に伺った。

「おかげさまで、この学科に呼んで頂けることになりました。どうかよろしくお願いいたします」

「またまたご冗談を。大物が来てくれることになったので、みんな喜んでいますよ」

「金融工学を嫌っている人が多いので、本当に呼んでいただけるかどうか、最後まで心配していました」

「ぼくも金融工学は好きじゃないけど、そういうことをやる人も必要な時代になったのでしょう」

「どうかお手柔らかにお願いします」

「伊藤さんから聞いていると思うが、ここの学生は、東大や東工大とはレベルが違うから、覚悟しておいた方がいいよ。無理をすると身体を壊すから、あまり頑張らないことですな。わっはっは」

東大時代の久留島教授の弟子である中村教授は、助手時代と同様、学科の雑務を率先して引き受けていた。

私はアメリカ留学時代に、〝夫婦の総和一定の法則〟なるものを発見した。〝積極的な男性の奥さんは概しておとなしい。また積極的な女性の旦那は概しておとなしい〟という法則である。

大学に勤めるようになってから発見したのは、〝事務能力が乏しい教授の助手は、事務能力が優れている〟という法則である（逆は必ずしも真ではない）。事務能力がない教授、もしくは能力はあっても嫌いな教授は、事務能力がある人を助手に採用するからだろう（事務能力がない教授が、事務能力がない助手を採用すると、大惨事が起こる）。

私より一つ年上の平井教授は、長い間東大の「宇宙航空研究所」の教授を務めた、典型的な機械工学者である。ところが九〇年代半ばに、研究所が廃止されることになったため中大に移籍して、スポーツ用具（スキーなど）の機械工学的研究を行う傍ら、ＯＲ関係の科目を担当していた。

平井教授は、専門領域が重なる私が、この大学に移ることが決まったとき、テニス仲間である情報工学科の辻川教授を相手に、「ぼくの居場所がなくなる」とぼやいたということだが、実力者である鎌田教授が持ち出した人事なので、反対しなかったということだ。

しかし、講義担当科目については、内容がオーバーラップしないような工夫が必要だった。これはかなり面倒な作業だったが、新人である私が最大限譲歩することで決着を見た。

平井教授は、一見気難しそうな人だったが、話をしてみると、（日和見主義のヒラノ教授と違って）まことに筋が通った、〝工学部教授の鑑〟のような人だった。

東工大出身の教授は、私の人事を取り仕切ってくれた鎌田教授、情報科学科出身で統計学が専門の綿貫教授、経営システム工学科出身で信頼性理論が専門の宮下教授、制御工学科出身でロボット工学が専門の坂本教授の四人。いずれも四〇代半ばから五〇代初めの、典型的東工大タイプ、すなわちまじめそのものの手堅い研究者である。

東工大教授の多くは、『工学部ヒラノ教授』で紹介した、〝工学部七つの教え〟を身に付けた、有能、勤勉、（くそ）まじめ、他人のことには干渉しないエンジニアだったが、東工大出身の中大教授も同じ人種だった。しかし、週に一回しか講義をやらない東工大の研究オタク教授に比べると、教育熱心な人が多かった。

大学を卒業してから数年間、文部省の「統計数理研究所」に勤めた後、三〇代半ばに中大にスカウトされた鎌田教授は、東工大出身の教授の中では異色の存在だった。事務能力が優れているこの人は、中村教授とともに、学科の雑務を率先して引き受け、この学科のよろずトラブル相談係を務めていた。

学部全体に広い人脈を持つ鎌田教授は、学科間のトラブルに際して、防壁役を務めてくれるたのもしい人である。経営システム工学科が、理工学部の中でひとまずうまくやっているのは、鎌田教授の努力によるところが大きい。隣同士のオフィスに住んでいたため、私は何かあるたびに鎌田教授に相談した。

私より二つ年下で、中大の経営システム工学科を卒業した後、慶応大学で博士号を取った、数理工学とシステム工学が専門の遠山教授は、学科で一番の、そして理工学部全体でも有数の紳士ある。専門が近いことと、『スプートニクの落とし子』（毎日新聞出版社、二〇一〇）の主人公である後藤公彦教授（法政大学）という共通の友人がいた関係で、赴任早々から親しくお付き合いいいただいいた。

筑波にある「電子技術総合研究所」から移籍した、京大出身の加瀬教授は、感性工学という新興分野のエースである。計算機に強いこの人は、学科の情報システム管理を一手に引き受けていた（行政能力もあるこの人は、後に副学長という要職に就いた）。

教授の中には、都内の一等地に住む人が居る一方で、富士宮、水戸、筑波に自宅がある人もいた。富士宮や水戸から毎日後楽園まで通勤するのは難しいから、大学の近所に部屋を借りていたものと思われる。

問題の人物・Y助教授がいなくなったあとの学科は、東工大や理科大に比べると、ずっと和やかで住み心地いいところだった。一〇年の在職中に、深刻な問題が生じたのは一度だけである。この時は、シニア教員と中年教員の間で意見が対立したが、先行きが短いシニア教員が、中年教員に妥協することで決着を見た。

東工大の経営システム工学科では、一講座（教授一人、助教授一人）につき一つの助手ポストがあった。工学部助手の任務は、自分の研究のほかに、教授もしくは助教授の研究・教育活動をサポートすること、学生の指導や学科内の雑用を担当することである。

一方、中大には助手がいない代わりに、六人の〝技術員〟がいた。彼らの任務は、東工大助手の任務から、研究に関する部分を削除したものである。

研究をやらない技術員は、単なる雑用係だと思われるかもしれないが、必ずしもそうではない。彼らの多くは、経営システム工学科の卒業生の中の成績上位者で、公認会計士、税理士、弁理士などの資格を取ろうと考えている人である。

国立大学の助手並みの給料を貰って、前記の業務を担当する傍ら、夜学に通うなどして専門知識の習得に努めるのである。企業勤めのエンジニアほど忙しくないし、雑用が多いのは学期中だけで、夏季・冬季休暇中はあまり仕事をやらなくてもいい。

公認会計士試験は各種の国家試験の中で、最も難しいものの一つである。また税理士試験や弁理士試験に合格するのも容易ではない。したがって、任期中に当初の目的を達成する人は必ずしも多くないが、任期中にさまざまな技術を身につけているので、満足すべき就職先が見つかるということだった。

技術員制度は本人だけでなく、教員にとっても望ましい制度である。大勢の学生を抱える教員には、仕事を手伝ってくれる人が必要である。しかし、助手というポストを設けると、教員側はその処遇に苦労する。なぜなら助手には、数年以内に然るべき研究機関に転出してもらう必要があるからだ。

既に書いたように、私大出身者が然るべき大学の常勤ポストを見つけるのは容易でない。見つからなければ、万年助手の運命が待っている。助手は大学における重要な意思決定に関与することはできない。このようなポストに長くとどまると、本人が辛いだけでなく、教員側の心理的負担も大きい。

私の担当になった女性技術員は、学年でベストスリーに入る成績を収めただけあって、とても優秀だった。来年には退職することになっているが、六人のリーダー役を務めるこの人がいなくなると、学科の運営に支障が生じるので、もう一～二年長く勤めてくれるよう、よろず相談係の鎌田教授が、交渉にあたっているということだった。

中大の経営システム工学科は、東大と東工大のハイブリッド学科である。どちらの大学にも足場がある私にとって、この学科はいわばホームグラウンドだった。

大学教授の最も重要な仕事は、研究と教育（もしくは教育と研究）である。私の場合、東工大時代は研究が五割、教育が二割という生活を送っていた。ところが中大に移ってからは、研究が四割、教育が四割になった。

教育の割合が増えたのは、担当する講義と卒研生の数が三倍になったためである。しかし、もし有能な秘書がいなければ、教育が五割、研究が三割以下になっていてもおかしくなかった。

『工学部ヒラノ教授と四人の秘書』（技術評論社、二〇一二）の中で、私は教授と秘書のコラボレーションを紹介したが、仕事の効率を高めるためには、有能な秘書の協力がカギを握っている。

最初に秘書を雇ったのは、三年間で八〇〇万円の科研費が支給された四五歳ときである。このときは、週に三日、一日六時間の契約で、若いS嬢を雇用した。

やってもらう仕事は、論文、書類、講義資料のコピー、学科事務室との事務連絡（物品購入や出張手続きなど）、大人数講義の出欠記録の集計、レポートや試験の成績の集計などである。

S嬢は、毎週一回以上欠勤したが、それでも自分がすべてやっていたころと比べると、仕事の効率は大幅に向上した。

S嬢とは寿退職するまで、三年ほどお付き合いしたが、このとき学んだことは、若いお嬢様は使いにくいということだった。欠勤が多いことについて苦情を言うと泣き出すし、研究室あてに恋人と思しき人物（有名芸能人）から頻々と電話がかかってくる。また東工大キャンパスに生息する数少ない若い美人を一目見ようと、男子学生が用事もないのに研究室にやってくること、など。

二人目の秘書は社長令嬢の成城マダム・ミセスKである。この人もたいそうな美人だったが、学生たちより一〇歳以上年上だから、理由もなく訪れる学生はいなかった。また週に四日きちんと出勤して、手際よく仕事をこなしてくれた。

四〇代後半に入った私には、様々な仕事が降ってきた。世界から一〇〇〇人の研究者が集まるシンポジウムの事務局長、OR学会の「投資と金融のOR」研究部会主査、海外で発行されている専門ジャーナルの編集作業などなど。

国際シンポジウム開催するにあたっては、数百人に及ぶ海外研究者との連絡（この当時はメールという便利なものはなかった）、外務省でのビザ申請、実行委員会の開催案内エトセトラの仕事があるが、ミセスKはこの多くを請け負ってくれた。

また科研費のおかげで研究活動も順調に進み、毎年三篇以上の論文を書いた。これらの仕事に付随する様々な雑用は、秘書の助けなしには絶対に不可能である。実際ミセスKは、私の秘書を務めた一二年間、無為に過ごした日は一日たりともなかったのである。東工大時代に思う存分に研究ができたのは、ミセスKのおかげだと言っても過言ではない。

私は中大に移ってからも、この人の協力を得たいと考えていた。ところが些細な事件がもとで、この計画は頓挫した。しかし、ひとたび献身的な秘書の味を覚えた教授にとって、秘書なしの生活は考えられない。

ミセスKと入れ替わりでやってきたのは、三〇代初めの主婦Mさんである。中大の研究室は、東工大時代の三分の二しかない。また一二人の教員の中で、秘書を雇っている人は二人しかいないから、周囲の目が気になったが、あえて採用に踏み切った。

この学科の教授には、事務処理能力に優れた人が多かった。また（二人につき一人ずつ割り当てられる）技術員を秘書代わりに使っている人もいた。しかし、秘書が〝セクレタリー〟であることから明らかなとおり、秘密もしくは機密に属することを頼む場合もある。学生の成績データ、企業からもらう奨学寄付金、交友関係や企業との関係についても、秘密にしておきたいものが多い。

教員が自分専用の秘書を雇うためには、一定のお金が必要である。しかし、バブル崩壊以降、人件費は一時間につき一〇〇〇円程度まで下がったので、一日六時間として週三日で月八万円、年に一〇〇万円で済む。大学から支給される個人研究費の八〇万円では足りないが、年に三〇〇万円程度の外部研究費（科研費、奨学寄付金など）があれば、十分カバーできる。一〇〇万円で週一八時間、年に換算すれば丸々四〇日を、研究に充てることができるのである。研究成果が出れば、外部研究費を手に入れやすくなる。つまり秘書がいれば、永久運動が可能になるのである。

このように考えれば、教員はたとえ自腹を切っても、秘書を雇うことが有利であることがわかる。しかもその秘書が有能であれば、一〇〇万円は二倍、三倍の価値がある。

このからくりに気付いた鎌田教授が、新聞に秘書採用の広告を出したところ、近郊に住む何人もの主婦が応募した。鎌田教授は、その中で最も優秀と思われる人を採用した結果、研究時間が大幅に増えたと言っていた。

たとえ事務処理能力があっても、その部分は秘書またはアシスタントに任せ、自分はより効果的に能力を発揮することができる仕事に時間を割くべきこと、これは経済学者リカードが導いた〝比較優位の原理〟そのものである。

5 学生さまざま

中大に赴任する暫く前から、私は二人の研究仲間と協力して、アメリカの理工系大学院における金融工学の定番教科書『Investment Science（投資科学）』（Oxford University Press, 一九九八）の翻訳作業に取り組んでいた。

デビッド・ルーエンバーガー教授（スタンフォード大学）が七年がかりで書いた、約五〇〇ページの教科書である。私はその素晴らしい出来栄えに、〝金融工学の教科書はこれで決まりだ〟と確信した。しかし、「理財工学研究センター」の立ち上げ時期と重なっていたので、自分で翻訳する気にはなれなかった。

私は三〇代半ばに、ウィスコンシン大学のT・C・フー教授の依頼で、『整数計画法とネットワーク・フロー』（培風館、一九七五）という教科書を翻訳したことがある。時間がかかったにもかかわらず、内容が高度すぎたため、一〇〇〇部も売れなかった。

それ以来私は、労多くして益少ない、レベルが高い教科書の翻訳はやらないことに決めた。それにもかかわらず、この仕事に取り組む気になったのは、信頼できないグループが、信頼できない出版社に売り込みを掛けている、という情報が入ったからである。

ルーエンバーガー教授は、六〇年代半ばに『ベクトル空間手法による最適化法』を出版して以来、数々の名著を執筆し、〝教科書作りの名手〟と呼ばれていた。ところが、前記の本の訳本は、原著とは似ても似つかない、ミゼラブルな仕上がりだった。

〝今回そのようなことになったら、金融工学全体に悪影響が及ぶ。それにあの出版社は、学生には手が届かないような定価をつけるに違いない〟。こう考えた私は、二人の若手研究者と手分けして翻訳に取り組んだ。

誤訳が多い本や、日本語として読みにくい本は、読者に迷惑を掛ける。また口さがない同業者に、「原著を読んだ方がいい」と批判される。〝金融工学の旗手〟の名に恥じない訳本を仕上げるために、私は丸々六か月かけて、本文の約三分の一を翻訳する作業と、全体の調整作業を行っていた。

しかし一人でやると、間違いを見落とす可能性がある。そこで、トップクラスの学生四人に、夏休みのアルバイトとして、最終原稿をチェックしてもらおうと考えた。

学生アルバイトには、一週当たり四〇時間まで、というルールがある。そこで予算制約を勘案して、書類上は夏休み五週間で、合計二〇〇時間ずつ働いて貰うことにした。

学生諸君にとっては、自分の勉強にもなるアルバイトである。しかし、どの程度の仕事をやってくれるかは、学生の能力と熱意次第である。そこで私は、リーダー格の山村君を呼び出して、こちらの希望を伝えた。

「全部チェックしてもらえると有り難いけれど、二〇〇時間では無理なので、第一部から三部までを、出来る範囲でチェックして下さい。君たちに協力してもらったことを、謝辞の中に書きますので、よろしくお願いします」

「ぼくたちの名前を出して頂けるのですか?」

「親御さんに見せれば、喜ぶと思いますよ」

「そうですね。でも……」

「心配しないでください。誤訳やミスプリについて、君たちに責任を押し付けるようなことはしませんから」

「分かりました。頑張ります」

経営システム工学科の学生の、TOEIC平均点は四〇〇点程度だと聞いていたので、若干の心配があった。しかし、世界に名を知られる大教授が書いた教科書の中に、自分たちの名前が記載されることを知った学生たちは、熱心にこの仕事に取り組んでくれた。

この本は、『金融工学入門』（日本経済新聞出版社）というタイトルで、二〇〇二年三月に出版された。原題の「投資科学」ではなく、「金融工学」というタイトルをつけたのは、この方がより多くの読者を獲得出来ると思ったからである（タイトル変更について、原著者の了解を取ったことはもちろんである）。

この本の前半部分は、以後八年間にわたって、卒研ゼミのテキストとして使われた。大学院生向けの教科書であるが、アメリカの理工系大学院生の中には、数学の素養が乏しい文系学科出身の学生も含まれているので、前半部分は、（日本のまともな理工系大学の）四年生が頑張れば、十分理解できるように工夫されていた（後半は学部学生にはレベルが高すぎるので、大学院に入ってから読むよう勧めた）。

出版社と交渉して、業界の常識を覆す、四八〇〇円という低廉な価格を設定したおかげで、このあと一五年間で二万部近く売れた。なお、誤植はすべて潰したはずだったが、読者からいくつか指摘があった。しかし、版を重ねる度に訂正を施したので、現在販売されている版は、九九・九九％完璧な訳本になっているはずである。

なお出版社の担当者は、「（万一）初版三〇〇〇部が完売した暁には、然るべきお店で祝賀会を開きましょう」と言ってくれたが、現在に至るまでその約束は果たされていない。その理由は、出版業界が極度の経営不振に陥っているからである。

私は、卒研ゼミと翻訳アルバイトでリーダーシップを発揮した山村君に、もう一つの仕事を頼むことにした。東工大時代から取り組んできた、資産運用理論の研究を進めている過程で、ややこしい計算実験を行う必要が生じたためである。

東工大時代の私は、計算実験はプログラミングが達者な大学院生に頼んでいた。学生にとっては、それなりのアルバイト代が入る上に、出来上がった論文は、教授との共著論文として専門誌に掲載されるのだから、決して悪い話ではない（と私は考えている）。

教授と学生との関係は、一方的なものではない。学生が新しい問題を持ちこんでくることもあるし、彼らと議論している過程で、新しいアイディアが生まれることもある。私が業界標準を上回る、毎年四〜五編の論文を書くことができたのは、優秀な学生に協力してもらったおかげである。

一部にはこれをもって、「学生を搾取する汚らわしい行為だ」と批判する人もいる。しかし、工学部教授の多くは、一流研究者の地位を維持するために、学生との〝ウィンウィン作戦〟を採用しているのである。

中大に移るとき、これから先この作戦は通用しないだろうと思っていた。ところが山村君の協力が得られれば、うまくやれそうな気がした。この予想は当たった。山村君は面倒な計算を二か月で終えてくれた。

この研究結果は、私と山村君の最初の共著論文としてまとめられ、アメリカで発行されている一流ジャーナルに掲載された。卒業研究の結果が、海外の一流ジャーナルに掲載されるのは稀なことである。

山村君はまた学生主催の研究室紹介セッションで、絶妙な客引きスピーチを行い、トップクラスの学生を私の研究室にスカウトし、彼らの兄貴分として指導力を発揮してくれた。目をつけていた優秀な学生をさらわれた鎌田教授は、私を連れてきたことを悔やんでいたかもしれない。

修士時代に、大銀行傘下の研究機関でアルバイトをしていた山村君は、その実力を認められて、卒業後は専任研究員に採用された。そのあとは、研究所の了解のもとで、中大の社会人博士課程に入学した。中大での一〇年間が、赴任当初の予想を上回る充実したものになったのは、この青年がいてくれたおかげである。

しかし、私はこの青年の行く末を心配していた。東大や京大など、旧・帝大出身の研究者は、優れた研究業績を挙げれば、母校傘下の大学から声が掛かる。東工大出身者のジョブマーケットは、東大に比べれば小さいが、優れた業績を挙げればどこかから声が掛かる。

一方中大出身者の場合、その可能性はずっと小さい。大学教員ポストの大半は、旧帝大出身者に占拠されているからである。大学という業界では、実力だけでなく出身校とコネが大事なのである。

一〇年の間に一八編の英文論文を書いた山村君は、博士号を取得してから七年目に、都内の私立大学に准教授として迎えられた。中大出身者が一流大学のポストを手に入れるには、東工大出身者の二倍以上の努力が必要なのである。

一〇年の間につきあった、一五〇人ほどの卒研生の中には、変わった学生もいた。とても成績が良く、卒研ゼミでも指導的な役割を果たしたにもかかわらず、全く就職活動をしないS君。

「卒業後はどうするつもりですか」

「家の近所の碁会所で指導員をやるつもりです」

「プロの碁士になるつもりですか」

「そのつもりでしたが、試験に受かりませんでした。来年は年齢制限に引っ掛かるので、受験資格がありません。中学時代以来の夢を断たれたので、今は何もする気になれません」

「それは辛いですね」

「碁会所の指導員をやれば、当面は生活していくことができます。将来どうするかは、親と相談して決めようと思います」

「そうですか。僕に何かできることがあったら言ってください」

予想通り、この学生は相談に来なかった。私には想像もつかないような挫折感を味わったS

君は、今どうしているだろうか。

またある青年は、卒研所属が決まった直後に私の研究室にやって来て、「済みませんが、一年間休学させて下さい」という。

「病気ですか」と訊ねると
「違います。高校時代の仲間とバンドをやっているのですが、プロになる決心をしました。一年頑張ってダメだったら戻ってきます。戻らなかったら、成功したと思ってください」

「なるほど。それでは、戻らないで済むように頑張ってください」

イケ面でスタイルがいいので、成功する可能性は十分あると見た。一年後に戻って来なかったことからすると、うまくいったのだろう。しかし、友人たちに聞いても良く分からないという。そうこうするうちに、名前も忘れてしまった（今はどうしているだろうか）。

ユニークな学生がいるのは、私学ならではのことであるが、中にはコマッタ学生もいた。たとえば、都内屈指の高級住宅街にあるクリーニング店の跡取り息子は、就職の心配がないせいか、卒研ゼミでのパフォーマンスは最悪だった。卒業論文を書くかどうか心配していたところ、土壇場になって「線形計画法による人生設計法」なる、僅か十数ページの卒論を提出した。

その内容は、〝六〇歳まで生きると仮定すれば、四五歳までは収入から最低限の生活費を除いたものをすべて貯蓄し、残りの一五年ですべての収入と貯蓄を均等に使い切るのがベストだ〟というものだった。

「六〇歳で死ななかったらどうなるのか」と質問したところ、「そのようなことはありえません」と答えた。はてさて困った奴だと思いながらも、線形計画法のソフトを使って計算を行っていたので、単位を出すことにした。

また、これと甲乙つけがたいトホホな卒論を書いた、四国の大型介護施設の社長御曹司が、「アメリカに留学してMBAの資格を取りたいので、推薦状を書いてください」という。学業成績は下から数えて四分の一程度なので、どうせだめだろうと思いつつ推薦状を書いたところ、オクラホマ州（アメリカでも有数の田舎）にある公立大学のビジネス・スクールから合格通知が来た（アメリカのビジネス・スクールには、ピンからキリまであるのです）。

入学はしたものの、あの成績では卒業できたかどうか分からない。無事卒業して、介護施設の社長室にMBA証書を飾って、うまくやっているといいのだが、はてさて。

卒研生ではないが、私の講義に感動したとやらで、研究室のコンパに必ず顔を出す、夜間コースのH君。神奈川県の名門受験校で、トップレベルの成績を収めたが、医学部受験に三回失敗したため親に見放され、昼はマクドナルドでアルバイトをしながら、（学費が半分で済む）夜間コースに入学した変わり種である。

ところがその後、（おそらく受験時代のストレスがもとで）パニック症候群を発症した。普段は正常なのだが、試験が近づいてくると電車に乗れなくなる。卒業論文を書くのはたやすいが、必修科目である外国語の単位が不足している。

試験を受けて不合格になった場合は、担当教員を拝み倒せば何とかなる。しかし、試験を受けていない場合はダメである。私は卒研担当教員とともに知恵を絞ったが、手の打ちようがなかった。

そうこうするうちに、八年の在学期限が過ぎて、退学処分を受けた。その後は、雑誌社でアルバイトしながら暮らしているということだったが、コンパには必ず出てきて、肝臓の状態が良くないといいながら、豪快に飲みまくっていた（後にジャーナリストとして独り立ちしたK君は、私と青土社の間を取り持ってくれた）。

一四〇人の学生の大半は、ひとまず起承転結がある卒業論文を提出して、学窓を巣立って行った（就職氷河期にもかかわらず、ほぼ全員がまずまずの就職先を見つけたのは、事務局の努力によるところが大きい）。

中大の学生のほとんどは、高校時代にはきちんと勉強して、入学試験を突破してきた人たちだから、大学入学後の成績が悪くても、少々頑張れば標準レベルに復帰できるのである。

既に書いたとおり、中大は東工大とよく似た大学だったので、メガトン級のカルチャー・

ショックは襲って来なかったが、一トン級のショックはいろいろあった。

二年目の新学年が始まって間もなく、エレベーターの中で、中大付属高校出身と思しき学生の会話を耳にした。

「お前、何で経営に入ったんだ」

「もう少し英語ができれば、経済学部に入れてもらえたんだけど、だめだったんだ」

「TOEICの成績は何点だった?」

「三八〇点」

「俺よりいいじゃないか」

「理工にしか入れてもらえないと言ったら、おふくろに泣かれて困ったよ」

私が学生だったころ、理工系学部は人気が高かった。英語が良く出来ても、数学が嫌いでない学生は、理工系大学に進んだ。ところが四〇年の間に、それが完全に逆転したのである。高校の人気ランキングは、〝普・農・商・工〟の順だと言われているほど、3K製造業向けの人材を育てるための工学部は不人気なのである（最近は少々人気が回復したということだ）。

TOEIC三八〇点なら、高校一年生でも取れる。もう一人の学生はそれより悪いというのだから、とんでもない話である。

このような一年生にORを教えるには、さまざまな工夫を施さなければならない。しかし、あまりレベルが低い講義をやると、優秀な学生が失望する。両者を満足させるにはどうすればいいか、私は知恵を絞った。

もう一つのカルチャー・ショックは、母親から事務局に苦情電話が寄せられる件である。

「M教授は、いつも一〇分以上遅れて教室に来るそうですが、時間どおりに来るよう指導して下さい」

「S教授は板書がきたないので、娘が困っています」

「K先生は、二回以上欠席すると単位を出してくれません。そこまで厳しくする必要はあるのでしょうか」

「父母の授業参観日を設定して頂けないでしょうか」

「H教授は、授業中に自分が書いた本の宣伝をするということですが、大学で商業活動をやってもいいのでしょうか」

はじめの二つは、言われても仕方がない。三つ目は微妙なところである。四つ目は、はてなマークがつくリクエストである。しかし、五つ目については断固反論する。

本を出すたびにH先生（ヒラノ教授）が、学生諸君に〝お知らせ〟したのは事実である。しかし、買って下さいと頼んだことはない。頼んだところで、〝教科書とマンガ以外は読まない〟学生が買ってくれないことは、千も承知だからである（最近はマンガすら読まないとやら）。

なお経営システム工学科では、お母様たちの要望にこたえて、年に一回父母懇談会を開いている。（モンスター）ペアレンツに悩まされているのは、中学校や高等学校だけではないのである。学生や母親の抗議に敏感な大学は、教員に対する締め付けを厳しくした。毎年詳しいシラバス（講義計画）を提出させ、その通りに講義を行うことを要求するようになった。また学期末の補講スケジュールが組めなくなるという理由で、教務課は〝補講は一学期につき一回まで（すなわち休講は一回まで）〟という通達を出した。学期中の学会参加を禁止した大学もある。

大学執行部は、教員の教育評価に本格的に取り組むようになった。例えば、二〇年前には教授会の反対で導入できなかった、〝学生による授業評価〟がそれである。

調査が開始されたころは、「素人（学生）が専門家（教員）を評価するのはナンセンスだ」と批判した教員たちが、不本意ながらも容認するようになったのは、アメリカのジャーナリスト、ジェームス・スロウィッキーの、『「みんなの意見」は案外正しい』（角川文庫、二〇〇九）に書かれているように、〝多くの素人（学生）の意見は、全体的に見れば的を射ている〟ことが明らかになったからである。このため、現在ではほとんどの大学が、学生による授業評価を実施するようになった。

また大学当局は、お客様である学生の要望にこたえるべく、教員に対してティーチング・スキルの向上を求めるようになった。〝ファカルティー・ディベロップメント（教員能力向上）〟という講習会に参加して、教育学者や教育コンサルタントから、〝正しい教え方〟を教えてもらうよう推奨しているのである。

これまでのところ、参加しなくてもペナルティを課されることはない。しかし学生の評価が低い教員に対しては、いずれ履修を義務付けるようになるだろう。実際、誰にも分からないような講義をやるY助教授のような人もいるから、ある程度の矯正が必要なことは認める。しかし（教育スキルに自信がある）私は、〝自分の娘より一回り若い、キャピキャピ・コンサルタントのご高説を伺うのはまっぴらだ〟と考えている。

大学当局はこれまで一貫して、「学生による授業評価の結果を、教員の業績査定に使うようなことはしない」と言い続けてきた。しかし、今やこの言葉を信じる教員は少ない。なぜなら彼らは、学期末に配布される〝学生による授業評価〟の綿密な統計分析に、大学当局の並々ならぬ意欲を感じ取っているからである。

6　大学院

私が東大工学部を卒業した一九六〇年代半ば、大学院に進学する学生は、学部卒業生の半数程度だった。ところが二〇年後の東工大では、その割合は七割を超えた。京大にいたっては、すべての学生が修士課程に進むことを前提とした、学部・修士一貫教育を実施していた。

技術革新の時代を迎えて、企業は先端技術を開発するために、修士レベルの学生を必要とするようになったからである。このような状況の中で、私立大学も続々と理工系の大学院を設立した。大学院を持つことが、一流大学の証明書と見做される時代になったのである。

中大理工学部に大学院が設立されたのは、一九九〇年代に入ってからである。MARCHグループの中で遅い方だったのは、実務家養成が主たる任務だと考える法学部や商学部が、〝金食い虫〟の理工学部に好意的でなかったからだろう。

どこの大学も同じだが、学部の上に大学院を設置する場合、教員ポストはほとんど増えない。

したがって大学院ができると、その分だけ教員の教育負担は重くなる。東工大時代には、修士課程が毎年三～四人、博士課程が一人、合計で九人程度の大学院生の面倒を見ていたが、中大もこの数字に大きな違いはなかった。

大学院の講義は、毎年新しい材料を加えなくてはならないから、九〇分の講義のためには、二～三時間の準備時間が必要である。学部の授業にも、この半分ほどの準備時間が必要である。講義と準備時間を合わせると、全部で毎週二〇時間くらい掛かる。このほか学期末には、試験やレポートの採点に丸々一週間。これ以外にも会議や雑用があるから、研究にあてる時間は、早朝と夕方、そして週末だけである。

大学院ができてから採用された教員は、全員博士号を持っている。しかし、それ以前に採用された教員の中には、そうでない人もいる。理工学部では、博士号がない教員は大学院教育に携わる資格がない、という内規がある。この結果、学科の中に二種類の教員が混在することになる。

これは、どちらにとっても愉快なこととは言えないが、この問題は博士号がない教員が定年退職するまで待たなければ解決しない（高齢助教授が博士号を取るのは、容易でない）。

理工学部では、なるべく多くの学生が大学院に進学するよう、授業料を学部の半分程度に抑え、奨学金枠を拡充した。しかし、大学院進学を希望する学生は、依然として少数派だった。

経営システム工学科の場合、修士課程の定員は約三〇人である。これに対して、卒業後進学を希望する学生は二〇人程度に過ぎない。しかも、優秀な学生の中には、中大よりランクが高い大学の大学院にトラバーユする人もいる。

文科省や大学当局は、定員を充足するようプレッシャーを掛ける。ところが、成績が良くない学生を受け入れると、〝あの学科は入りやすい〟という評判が立つ。この種の情報は、国内だけでなく海外の大学にまで拡散し、偏差値が低い大学の卒業生や留学生が押し寄せる。

世間では、私立大学から一流国立大学の大学院に入学することを、〝学歴ロンダリング〟と呼んでいるが、ランクが低い大学から、中大の大学院を受ける学生が増えた。

大学院に入るためには、数学、統計学、専門科目、外国語の試験を受ける必要がある。中大の卒業生の大多数は、合格水準をクリアする。クリアしない学生でも、学部時代の卒研指導教員が熱弁をふるえば、合格させるケースもある。

他大学の学生の場合は、合格点に達しなければお引き取り願うのが原則である。しかし、合格者が入学定員を大きく割り込むときには、〝引き受け教員がいる〟という条件付きで合格させることもある。

かような次第で、大学院生のレベルには、学部学生以上に凸凹が生じる。したがって修士論文の内容は、卒業論文以上に玉石混交だった。中大ですらこうなのだから、偏差値が低い大学の修士論文のレベルは、推して知るべし。

私の研究室に所属する学生のほとんどは、標準を上回る修士論文を書いた。その理由は、東工大で成功した〝ウィンウィン戦略〟を採用したからである。

中大に移ってからも、私は常時三〜四個の解きたい問題を抱えていた。そこで修士課程に進学した学生に、適当な問題を提示して、どうすれば解けそうかについてヒントを与える。呑み込みがいい学生は、直ちに計算に取りかかる。途中でトラブルが発生すると、先輩に相談する。大方の問題はこれで片付く。片付かないときは、教授のお出ましとなる。

計算結果が出たところで、教授が結果をチェックした上で論文を書き、学生がこれをＴｅＸ（数式入りの英文論文を作成するためのソフト）入力する。そのあとは、学生との共著論文として、適当な（合格になりそうな）ジャーナルに投稿する。

レフェリー・レポートが届いたところで、そのアドバイスに従って、必要であれば再計算を行ったあと論文に改訂を施し、大急ぎで再投稿する。レフェリーや編集長との駆け引きは、教授の仕事である。

こうして一編のレフェリー付き論文と、修士論文が出来上がる。学生は然るべき学会の研究集会で発表する。旅費と滞在費は、教授の科研費から支出される。長崎大学で研究発表を行った学生は、国から支給されたお金と、少しばかりのポケットマネーで、ハウステンボスや軍艦島を見物したらしい。

特に優秀な成果を上げた学生、たとえば在学中に二編以上のレフェリー付き英文論文を書いた学生は、教授の推薦のもとで、大学から貸与された奨学金（二年で二〇〇万円弱）の返済を免除される（該当者が多い場合は、抽選で一人ないし二人が選ばれる）。私の学生でこの恩恵に浴したのは、一〇年間で二人だけであるが、まことに有り難い制度である。

もちろん手が掛かる学生もいる。隣の研究室の女子学生と問題を起こしたイケメン青年。意味不明な修士論文を書き、教授に相談なく共同研究として学会で発表しようとした学生（この時は、ぎりぎりで私の名前を削除させた）。

深夜に他大学の女子学生とともに、校門を乗り超えようとしたところを、守衛に現行犯逮捕された学生。翌朝私が呼び出され、始末書を書かされたが、肩車で女性を門の外に逃したところで、おとなしく御用になったと聞いて、アッパレをやりたくなった（女子学生と深夜まで何をしていたかは知らない）。

次はお待ちかねの危機一髪事件。中大に移って三年目の春、商学部の博士課程に在籍する女子学生のSさんが、私の研究室を訪ねてきた。

私立文系大学の国際関係学科を卒業した後、数年間証券会社に勤めたが、思うような仕事をさせてもらえないので、商学部の大学院に入って、証券経済学を勉強しているという。

ところが、博士課程に進んだところで、指導教員が別の大学に移籍することになった。理工学部の場合、指導教員が別の大学に移るときは、後任の指導教員を探してあげるのがルールである。ところが商学部や経済学部では、捨て子しても問題にならないという。Sさんは新しい指導教員を探したが、引き受けてくれる人はみつからなかった。

「経営システム工学科で博士号を取るためには、数学や統計学の知識が不可欠です。あなたは大学時代に、どの程度数学を勉強しましたか」

「教養課程の数学を取っただけです」

そこで、微分積分学や統計学について、いくつか初歩的質問をしてみたが、一つも答えられなかった。

「あなたの学力では、この学科で博士号を取るのは難しいでしょう」

「これから一生懸命勉強しますので、一年間研究生として置いていただけませんか。先生に断られたら、死ぬしかありません」

東工大時代にも、「単位がもらえなければ死ぬほかない」という留学生がいた。この学生は、あちこちでこの言葉を繰り返しているという情報が入っていたので、安心して拒絶した。ところがSさんは、本当に死ぬかもしれないような悲壮感を漂わせていた。万一死なれたら後味が悪いので、研究生として受け入れた。

その後Sさんは半年間、大学院生を対象とする私の講義で一番前の席に座り、熱心にノートを取っていた。ところが試験の答案は白紙だった。

「この成績では、博士号を取るのは難しいでしょう。三年間を無駄にするより、ほかの道を考えた方がいいのではありませんか。それに博士号を取っても、雇ってくれるところが見つかる保証はありませんよ」

理工学部の教員ポストは、旧七帝大と、東工大などの有力国立大学出身者が独占している。企業はどうかと言えば、修士は採用しても、博士には背を向けるところがほとんどである。

企業が博士を敬遠するのは、それなりの理由がある。アメリカの大学では、スクーリング（講義と宿題）によって基礎知識を習得したあと、博士資格試験に合格した学生だけが博士論文を書く。ところが日本の大学では、基礎知識があることを前提として、特定の指導教員のもとで、狭い分野の研究に集中する。

この結果、特定のテーマについては深い知識を持っていても、幅広い基礎知識を持たない博士が生まれる。企業は学生に対して、さまざまな問題に対応できる柔軟性を要求する。したがって、三〇歳に手が届く柔軟性を欠いた博士を雇用するより、若い修士を採用して、オンザジョブ・トレーニングを施す方が有利なのである。

Sさんは一時間以上粘ったが、私は受け入れを拒否し続けた。このまま押し問答を続けていれば、体を張った泣き落し戦術に出たかもしれない。来客のおかげで救われたが、際どいところだった。

後日このことを知った山村君は、「もし先生がSさんを受け入れたら、ぼくらはどうなるかと心配していました」と言っていた。研究室の中に、一人でも水準を大幅に下回る学生がいると、その影響は研究室全体に及ぶのである。

ところが驚くなかれ、Sさんは別の教授を口説き落として博士課程に入学した（どういう戦略を行使したかは知らない）。博士課程には入学試験がないから、指導教員が〝十分な学力がある〟と認定すれば、受け入れてもらえるのである。

博士号を取ることが出来なかったSさんは、数年後に数学科の大物教授の口利きで、ある民間研究所の非常勤研究員ポストを得たが、長続きしたとは思えない。博士課程に受け入れておきながら、捨て子した商学部教授の責任は誠に重い。

筑波大、東工大、中大で過ごした三七年の間に、私が個人的に指導した学生は、卒研学生が約二五〇人、修士課程の学生が約一〇〇人、博士課程の学生が一〇人である。

これらの学生の九〇％以上は、指導教授である私に対して、悪い感情を持つことはなかったはずだ。用心深い私は、学生や同僚に、そして事務職員にも嫌われないように、注意を払っていたからである。しかし中に数人、相性が悪い学生がいた。

ジョークとして言ったつもりの言葉を、アカハラだと受け取った学生には、その後長きにわたって逆アカハラを受けた。身の危険を覚えるようなことはなかったが、才能がある学生だっただけに、残念なことになったものである。

最大の痛恨事は、中大に赴任して間もなく、数学科で統計学を担当するS教授に指導を頼まれたK君である。S教授は合格させると言っているのに、満足できる修士論文が書けなかったという理由で、修士課程で一年留年した完璧主義者である。

普通の学生は、めちゃくちゃな論文を書いても、指導教員がOKを出せば、胸を張って社会に出て行く。長い教員生活の間で、私は自ら留年を希望する大学院生にお目に掛ったのは、これがはじめてである。

一年の留年ののち数学の修士号を取ったK君は、私の研究室に所属して、金融工学を研究することになった。

「この学科で博士号を取るためには、レフェリー付きのジャーナルに、二編以上の論文を発表することが条件になっています」

「そのことは知っています」

「S先生に伺ったところでは、君は立派な修士論文を書いたそうですね。その結果をまとめて、どこかのジャーナルに投稿したらどうでしょう。受理されれば、もう一編書くだけで博士号が取れますから」

「あの論文はダメです」

「S先生は、なかなか良くできた論文だと言っていましたが」

「あんな論文が審査に通るはずはありません。これから一生懸命勉強して、いい論文を書きます」

工学系の研究分野には、A級からD級まで様々なジャーナルがある。A級ではパスしない論文でも、C級、D級なら合格する可能性がある。D級ジャーナルでも、論文一編は一編としてカウントされる。

ところが数学の場合は、A、B級のジャーナルはあっても、C、D級はない。自分の論文は、B級ジャーナルには通らないというのである。

工学系の研究は、理論だけでなく、データを用いた実証が要求される。そのためには、プログラムを書かなければならない。ところがプログラミングの能力は、人によって一〇倍以上の開きがある。

早速私は倉庫の中から一つの問題を取り出し、K君にその問題を解くよう指示した。予想通りの計算結果が出れば、直ちに専門ジャーナルに受理されるはずの研究である。残念なことに、K君にはプログラミングの素養がなかった。山村君であれば、二か月程度で終えるはずの計算に、一年近い時間がかかった。

ゼロから始めたのだから仕方がないとして、呼び出して進捗状況を尋ねると、あと一か月で完成するはずだという。一か月後に訊ねると、もう一か月くらいかかるという。

計算結果が出たあと、論文をまとめてジャーナルに投稿してから、審査に合格するまでには一年近くかかる。三年で博士号を取るためには、三年目の半ばまでに、二編の論文を完成させなければならないのである。

二年目に入っても結果は出なかった。そこで、山村君にサポートを依頼したところ、たちまち計算が終わった。このあとあるジャーナルに三人連名で投稿したところ、数か月後に合格通知が届いた。

二つ目は、フロリダ大学教授から投稿を求められた論文集に、われわれの研究結果を紹介するサーベイ論文を、K君との共著論文として投稿した。レフェリーの審査を受けることはもちろんだが、九〇％の確率で受理されるはずだった。

二編の論文が完成したので、それらの結果を総合した博士論文を書けば、三年半で博士号が取れるだろうと思ったのが大間違い。

年下の山村君に手伝って貰ったことや、私に叱責されたのが原因で、K君は引きこもり状態になった。家に電話しても電話口に出てこない。母親はおろおろするばかりである。

悩んだ私は、博士論文の本体を自分で書いた。あとは一〇ページほどのイントロダクションを書くだけで、博士号が手に入る。ところがK君は、最後までイントロダクションを書かなかった。

本体を書いておきながら、私がイントロダクションを書かなかったのは、五人の教授（一人は学外の研究者）による審査会で、論文のすべてを私が書いたことがばれたら（その可能性は十分にあった）、本人が不合格になるだけでなく、私も不正行為で処罰される可能性があったからだ。

〝せめてイントロダクションだけは、自分で書いて貰わなくてはならない〟。

結局K君は、在学期間限度一杯の六年を経過したあと、自主退学した。これは三七年に及ぶ私の教員歴における、最大の痛恨事である（なおK君は、現在ある金融機関で元気にやっているということだ）。

もう一人忘れられない学生がいる。この学生T君は、なかなか良くできる学生だったが、修士課程を出た後、有力企業への就職が決まっているにもかかわらず、博士課程に進みたいという。しかし私は、この希望を受け入れなかった。なぜなら、博士号を取っても仕事が見つかる保証がないからである。

大学院重点化政策のもとで、政府は国立大学に博士の量産をプッシュした。この影響は私立大学にも及んだ。しかし、一部の有力大学を除くと、博士号取得者の常勤ポストは少ない。

この結果、多くの博士号取得者がオーバー・ドクターとして、あちこちの研究機関を渡り歩く羽目になった。どの研究機関にも雇って貰えなかった博士は、大学の非常勤講師、予備校講師、各種アルバイトで食いつないでいるという。

東大や東工大を出た博士でも、ポストがない時代だから、中大の場合はもっと厳しい。有力企業に就職が決まっているのであれば、そこに就職する方が賢明である。どうしても博士号が欲しければ、（山村君のように）会社に在籍したまま、社会人博士課程に入るという手もある。

私はこのような事情を説明したが、T君はなかなか納得してくれなかった。おそらくT君は私を怨んだだろうが、私は今でも自分の判断は正しかったと考えている（なおT君は、修士課程を出て一〇年になる今も、同じ職場で元気にやっているようだ）。

実験系の教授の中には、人手が必要だという理由で、学生を博士課程に引っ張り込む人もいる。しかし私に言わせれば、これは一種の犯罪行為である。

とは言うものの、博士課程が大幅な定員割れを起こすと、文科省からお咎めがある。そこで理工学部では、企業や大学に勤める人を社会人博士課程に受け入れて、一定数の博士を確保している。ある程度の実績を持つ人であれば、新たに一編の論文を書くことで、博士号が取れる制度である。

就職の心配がないので、受け入れる側も気が楽である。私もある私立大学教授を社会人博士として受け入れ、一年少々で博士号を出した。

社会人博士は、かつての論文博士に代わる制度である。論文博士というのは、それまでの業績を博士論文としてまとめたものを大学に提出して、博士号を取る制度である。私も指導教授の勧めで、三六歳の時に東京大学から（論文）博士号を頂戴した。

しかし論文博士の場合、大学に入るのは僅かばかりの審査料だけである。一方、社会人博士として受け入れれば、一年分の授業料が入る。幅広い収入源を要求されるビジネスになった大学にとって、社会人博士は魅力的な制度である。

しかし中には、ろくに指導をせずに、次々と博士を量産する教授がいる。これを防ぐためには、主査以外の四人の審査委員がきちんと審査する必要があるが、悪質な〝博士工場〟経営者を排除するのは極めて難しい。

最後に留学生について一言。若いころ留学生として、アメリカの大学でお世話になっておきながら言うのは気が引けるが、留学生の教育はとても難しい。

日本人学生に比べて、二倍以上の労力が掛かることは置くとして、試験で不合格点をつけたところ、「外国人を差別している。単位を出せ」と迫る中国人留学生がいた。拒否したところ、夕方遅く怖いお兄さんを連れてきて、恫喝を繰り返した。この時は生命の危険を感じたが、拒否を貫いた（怖かったです）。

苦労の末に博士号を出したのに、帰国後は全く音沙汰がないインドネシア留学生。一〇年後に突然、推薦状を書いてほしいというメールが飛び込んできたが、一〇年間どこで何をしていたか分からない人物の推薦状を書くわけにはいかない。そこで、データの提供をお願いしたが、期限までに届かなかったのでお断りした。

7　学科運営

東工大に勤めていた時代の私は、学科主任の当番が回ってくることをひどく恐れていた。主任の任務は、予算管理、教員の諍いの仲裁（東工大の学科会議はバトルの連続だった）、学科主任会議での、他学科との交渉（筑波大学には、他学科の領土を奪い取ろうとする野蛮人集団が住んでいた）。そのほか、一学年四〇人の学部学生の相談役を務めること、学科の事務職員を叱咤勉励することなど。すべてをきちんとやろうとすると、週に三日はつぶれる。もちろん講義や学生の指導は、他の教授と同程度のノルマをこなさなくてはならない。

多くの厄介な仕事の中で、最もやりたくないものは、学科会議の議事録作成だった。前回の会議の議事録を確認する際に、さまざまなクレームが付く。完璧な議事録を作るためには、半日くらいかかる。ところが、私がこの学科で過ごした七年間、過去の議事録が必要になったことは一度もなかった。

それが分かっているにもかかわらず、議事録に細かいクレームをつけるのは、万一の場合に備えるためというよりは、自分が主任を務めた時に、クレームをつけられた相手に対する意趣返しではないか、と私は考えていた。

主任を務める一年間は、研究を中断して、雑務・教育マシーンとして過ごすことになる。教授は五人しかいないから、五年に一回当番が回ってくる。

私がスーパー雑用係である研究科長職を引き受けたのは、これをやれば学科主任を免除してもらえるから、そして研究科長は事務局のサポートが得られるからである。二年間の研究科長職は激務だったが、それでも一年間の学科主任よりましだった。

中大でも、いずれ主任の当番が回ってくる。しかし赴任して間もなく、この学科の主任は、東工大に比べれば負担が軽いことが分かった。

まずは大学本部から学科に対して、一年あたり一八〇〇万円を超える運営資金が提供されることである。東工大時代の予算に比べれば少ないが、支出のかなりの部分を占めるパソコン購入費やコピー経費が、一〇年の間に大幅に減少したし、数年に一度、学科の計算機システムを更新するときには、特別な予算が付く。

各教員が学科会議で、教育・研究に必要な予算を請求すると、二〇万以下であればほぼ自動的に認められた。それでも年度末にかなりの予算が残るので、学科主任が中心になってその使い道を考える。余った予算の使い道を考える方が、足りないお金をどう工面するかを考えるよりずっと楽である。

その上、各教員には毎年八〇万円の〝個人研究費〟が支給される。これは学会の年会費、図書、パソコン、文房具などの購入や、学生をアルバイトとして雇用する際の費用に充てることが出来る。また国内で開催される学会参加のための出張経費は、別途申請すればほぼすべて認められた。

東大から移籍した伊藤教授は、「これでは、科研費などの外部研究資金を申請するインセンティブを削がれる」と言っていた。実際、東工大ではほぼ全教員が科研費を申請していたのに対して、この大学では半数程度に過ぎなかった。しかも科研費を取得しているのは、そのまた半数程度だった。

理工学部の二〇〇一年度の科研費取得額は、東工大の二〇分の一以下の一億五〇〇〇万円程度だった。教員数はほぼ一〇分の一だから、一人当たりでは東工大の半分以下である。東工大には一〇〇〇万円単位の科研費を取得する、クジラのような教授が居るので、三〇〇〇万程度のイワシ教授は小さくなっていたが、この大学ではマグロ扱いだった。

中村教授が、会議室にノートパソコンを持ち込み、その場で議事の内容をインプットし、プリントアウトしたものを、主任にチェックしてもらったあと、その日のうちに全員に配布してくれる。記憶が鮮明なうちに作られた議事録に、異論が出ることは滅多にない。

中村教授は毎年この仕事を引き受けてくれるので、主任と副主任の業務は著しく軽減される。〝議事録作成業務さえなければ、主任はチョロイ〟。このとき私はこう考えていた。

大学という職場は、年度末に厄介な仕事が数珠つなぎになる。大学入試センター試験、推薦入学、一般入学、大学院入学など各種の入学試験、期末試験の答案やレポートの採点と単位認定、卒論発表会、修士論文発表会、博士論文審査会、卒業認定、新年度の業務割り当て、科研費の報告書作り、などなど。

〝工学部教授は、一月から三月まで死んではならない〟という格言があるほど忙しい。私はこの期間、東工大時代と同様、毎週九〇時間以上働いた。

これらの仕事について解説を始めれば、一〇ページほどのスペースが必要だが、まず東工大とは異なる卒業認定方法を紹介することにしよう。

卒業の条件は、所定の単位(一二四単位)を取得して、卒業論文を書くことである。大半の学生は、四年生になるまでに九割以上の単位を取り終え、残るのは卒業研究八単位プラスアルファだけである。実際私の卒研ゼミに所属する一三人中一二人は、この条件を満たしていた。

ところが、学生の間で〝ジャンクヤード〟と呼ばれている研究室では、半数近い学生が単位不足である。単位が四単位以上不足している学生は、卒業できない。留年した学生は、原則的にそれまでと同じジャンクヤードに所属するから、ジャンク係数は一層大きくなる。

どこの大学も同じだが、大学に在籍できるのは八年までで、この期間を超えると自動的に退学になる。そこで単位が足りない学生は、不合格になった科目の担当教員に懇願する。

「レポートを提出しますので、単位をください」、「単位を頂けなければ、死ぬほかありません」、「就職先が決まっていますので、なにとぞよろしく」、エトセトラ。この作戦で、何食わぬ顔で卒業していく学生は大勢いる（もちろん東工大にも、こういう学生はいた）。

ところが無気力な学生は、そこまでの努力はしない。こういう学生が居座っていると、他の学生に悪影響が及ぶから、指導教員は何とかして卒業させようと必死になる。そのあたりの事情を汲んで、この学科では、〝不足単位が二単位までの学生は卒業させる〟のが慣例になっていた（東工大にはこのような慣行はなかった）。

しかし、単位不足の学生を卒業させるのは違法行為である。そこで過去の成績を調べて、試験で不合格判定を出した教員が、〝私のミスで成績判定を誤りましたので、修正報告をさせていただきます。今後はこのようなことがないよう注意いたしますので、お認めください〟という始末書を学部長に提出して、一件落着となる。

経営システム工学科の中に、試験で不合格判定を出した教員がいないときは、不合格判定を出した他学科の教員を探して、指導教員もしくは学科主任ともどもお願いに参上する。私も一度フランス語担当教授にお願いにうかがったことがあるが、この教授は、「こんなことを頼みに来るのは、あなたがたが（立場が弱い）一般教育担当教員を見下しているからでしょう（これについては、思い当たる節がないではない）。今回は認めますが、次はダメですからね」と嫌味を言いながらも認めてくれた。

なおこの麗しい慣行は、数年後に文科省が後押しする「ＪＡＢＥＥ（日本工学教育認定協会）」なる組織が、全国の工学系学科のカリキュラム認定業務に乗り出してきた機会に廃止された。各教員は試験に合格した答案と、不合格になった答案を数枚ずつ保存しておいて、検査の際に提出するよう求められるためである。万一不正がばれると、ＪＡＢＥＥの認定を受けることができない。そうなると後々まで祟る。

しかし私は、二単位足りないだけで留年させるのは、いかがなものかと思っていた。卒業できなければ、就職先から内定を取り消される。翌年も学費を払わされる上に、はじめから就職活動をやりなおさなければならない。

二単位は一二四単位の〇・六％に過ぎない。〝工学的に見れば〟誤差の範囲である。それに大学教員は、この決定に見合うような厳格さで、講義をやっているのだろうか。工学部教授の九〇％はこの基準を満たしているが、中には少数ながら、首をかしげるような教員もいる。

工学部と違って文系学部には、規定の半分くらいしか講義をやらないアイドル（idol ではなく

idleです）教授がうようよしている。筒井康隆氏の『文学部唯野教授』（岩波書店、一九九二）という小説を読むと、研究も教育もろくろくやらずに、派閥抗争にうつつを抜かしている教授が多いことが分かる。試験の答案やレポートを十分読まずに、不合格判定を出す人も多いのではなかろうか。

教員に甘い日本の大学が、学生に甘い判定を下すのは当然だと思うが、読者はどう思われるだろうか。

二年目に入って、いくつかの雑用が降ってきたが、心配したほどのことはなかった。全学にまたがる厄介な委員会、たとえば入試委員会、教育委員会などは、余人に代えがたいという理由で、前年の委員が継続して引き受けてくれたし、それ以外の委員会は、座っているだけでよかった。

今どき日本中どこを探しても、すべてに満足できる職場などあるはずもないが、私は中大生活に九〇％満足していた。もし夕方五時以降も、そして朝九時前もエアコンが入れば、満足度は九五％に上昇するだろう。

中央制御式のエアコンは、五時〇〇分になると停止する。夏場には五時半を過ぎるとじわじわと温度が上がり、六時を過ぎると蒸しぶろ状態になる。窓を開けても暑さは変わらない。窓に防熱フィルムを貼っても、ほとんど効果がない。仕方がないので、六時過ぎには仕事を中断して家に帰る。翌朝いつも通り七時〇〇分に校門をくぐり、〇五分に研究室に到着するも、暑いので仕事がはかどらない。

学期中はまだいい。九時〜五時は黙っていてもエアコンが入るからだ。ところが夏休み中は、あらかじめ届けを出しておかないと、エアコンは起動しない。お盆近辺の一斉休暇中は、届けを出してもノーである。〝ああ無情〟。個別の研究室ごとに、エアコンの制御ができるにもかかわらず、ここまで厳格に経費削減を図る必要はあるのだろうか。

学科主任の当番が回ってきたのは、四年目の二〇〇四年である。それまでの三年間、私は学科教授会には一度も欠かさず出席したが、学部教授会はしばしば欠席した。定足数が足りないと、事務局から呼び出し電話が掛かってくるので、仕事を中断してあたふた出席することもあった。

世間の人は、教授会をさぼっても問題にならないのか、と心配するかもしれない。しかし、ご心配は全く無用です。絶対に出席しなくてはならないのは、自分の学科が提出した人事案件に関する投票が行われる場合、学部長選挙がある場合、理工学部の基本方針に関する重要な案件（学科の改組など）が審議される場合くらいである。

普段は八割くらいの教授が出席しているが、内職している人が多い。ほとんどの議題は、教授会の直前に開かれる学科会議で、主任から説明を受けているからである。私も必ず内職していたが、そうでもしていないと、退屈で眠ってしまうからである。

ヒラ教授はこれでも構わない。しかし、学科主任は毎回必ず教授会に出席して、学部長の話を聞いていなくてはならない。突然学科としての意見を求められることがあるからだ。また人事案件があるときは、人事委員長の説明を補足しなければならないこともある。

学科主任は、教授会に先立って行われる学科主任会議に出席して、学部長の報告を聞き、学科の対応について学科会議に諮る。議事録作成という厄介な仕事は無いが、会議の進行、学科内トラブルに対する対応、技術員や事務職員との交渉、非常勤講師との対応、懇親会の企画・運営、新入学生のガイダンスなど、さまざまな仕事がある。

東工大時代、私は経営システム工学科の主任はやらないで済んだが、一般教育グループの主任を二回務めた。また、社会理工学研究科長を務めた経験があるので、標準的な業務はスムーズにこなした。厄介なのは、入学試験における合格者数を決定する仕事である。

学科の入学定員は一一五名である。ところが大学の経営者は、文科省からクレームがつかない範囲で、少しでも多くの学生を入学させたいと考えている。二四万円の入学金、年間一一五万円の授業料を合わせると、一人当たり四年間で五〇〇万円近いお金が入ってくるからである。

一方教員側は、あまり多くの学生は受け入れたくないと考えている。教員側と経営者側の妥協点は、定員の一〇%ないし一五%多い学生を入学させることである。では何人の学生を合格させればいいのか。

私は筑波大学時代に、意思決定の科学（OR）の専門家だという理由で、この仕事を担当させられたことがある。

私が所属していた情報学類（計算機科学科）の入学定員は八〇人だった。一般教員は実験設備や教育負担の観点から、定員ちょうどの学生が入学することを望んでいた。一方学類長は、定員割れになると文部省からお叱りを受けるので、多めに合格させたいと考えている。

過去のデータがあれば、いろいろな対策を講じることができる。関西地方の県立K大学に勤める友人は、ORモデルを使って最適な合格者数を計算し、それに基づいて合格者数を決定したところ、毎年満足すべき結果が得られる、と自慢していた。

しかし、筑波大学は新設大学なので、過去のデータはない。学科主任に仕事を押し付けられた私は困った。しかしORの威信にかけて、三か月かけてこの仕事に取り組んだ。

結果は悲惨だった。定員割れは絶対に避けたいと考える学類長の意向をくんで、定員プラス一〇人の合格者を出したところ、辞退者は五人に過ぎなかったのである。定員より五人多い学生が入学することが分かったとき、実験担当の教員は私の不始末をなじった。

「偉そうなことを言っていたくせに、ORは全く役に立たなかった」と（念のために言えば、私は偉そうなことは一言も言わなかった）。屈辱にまみれたヒラノ助教授が東工大に移籍したのは、この一年後である。

話変わって中大である。この大学では、学科主任と副主任が合格者決定会議に出席して、その場で人数を決めることになっていた。何年か前に、定員を二五％上回る一四〇人以上の学生が入学したとき、主任は面目を失ったという。

この大学の教員は紳士ぞろいだし、全員が問題の難しさを熟知しているから、筑波大学のようないじめにはあわなかったようだが、出来ることなら誰からもクレームがつかないようにしたいものである。

ではこの問題は、どこが難しいのか。それは成績がいい学生ほど、よりランクが上の大学に合格して、入学を辞退する可能性が大きいからである。事前にこの種のデータが提供されれば、対応のしようもある。しかし試験の採点が終わったあと、直ちに合格者を発表しなくてはならない。判定会議が開かれるのは、合格発表の二日前である。

私は暗い気持ちで会議に出席した。ところがORが専門の田中学部長は、各学科の合格者数に関する腹案を持っていた。過去数年間のデータをもとにして、各学科の望ましい合格者の範囲を計算してくれたのだ。

私は以前から、田中教授の優秀さに敬意を払ってきた。この人が計算したのであれば、信用するにしくはなし。そこで学部長が提示した数字の真ん中あたりを採択した。最終的な入学者が確定するまでの二週間はやきもきしたが、結果は満足すべきものだった。〝ORはやはり役に立つ〟ということを確認した次第である。

入学試験について触れたついでに、筑波から東工大に移籍した一九八〇年代初めと全く様変わりした、昨今の入試事情を紹介しよう。

私が大学に入ったころの入学試験は、筆記試験と決まっていた。たとえば東大理科一類の場合は、英・数・国三科目の一次試験を行って、三倍までに足切りをしたあと、国語二科目、外国語、数学二科目、理科二科目、社会二科目の九科目について、丸二日間の筆記試験が行われた。私立大学の理工系学部の場合は、この半分くらい、文系学部の場合は三分の一くらいだったと記憶する。

その後受験競争が過熱する中で、学生に過重な負担を掛けるのは問題だという批判が高まり、入学試験は著しく簡素化された。たとえば、一九八〇年代初めの東工大の入試は、英語、数学と理科二科目、私立大学の文系学部では、国語、外国語と社会一科目というところが多かった。

ところが、私が中大に赴任した二〇〇一年当時、入試制度は著しく多様化し、高校推薦入試、スポーツ推薦入試、帰国子女試験、一般入学の四種類の試験が実施されていた。

高校推薦入学は、中大付属高校を対象とするもの、一般高校を対象とするものの二種類。一般入試も、通常の筆記試験、センター試験併用入試のほか、最近では英語外部試験（TOEFLなど）利用入試、（いくつかの学部を同時に受験することを許す）統一試験が行われるようになった。

一般入試は、多摩と後楽園キャンパスだけでなく、札幌、仙台など全国一〇都市でも行われる。関東地区のローカル大学から、全国区大学に脱皮するための試みである。

入試の多様化は、学生にとっては望ましいことである。しかし、これによって教員の負担は大幅に増えた。たとえば、全国各地で行われる入試には、何人かの教員が事務職員とともに駆りだされる。埼玉、千葉、静岡、横浜はともかく、札幌や新潟の入試会場当番に当たった人は、悲劇である。一週間にわたって、なれない雪の中を入試会場に駆け付けなくてはならないのである。

幸いなことに、高齢教授は地方出張を免除された。なぜなら、高齢者はあれこれ持病を抱えているから、直前になって交代を申し出てくるリスクが高いし、会場で心臓発作でも起こされたら一大事だからである。実際筑波大に勤めていた時、若かった私は何回か当日になって、高齢教授の交代要員として呼び出されている。

地方入試は、コストに見合うメリットがあるのかどうか分からないが、他大学もやっているので、一度始めたらやめられないのだろう。

推薦入学で優秀な高校生を確保するために、高校の要望に応えて、各教員が手分けして客引き講義に出かける。私は一〇年の間に、神奈川県立横須賀高校、千葉県立長生高校、東京都立城東高校と、都内にある二つの中大付属高校で、それぞれ一回ずつ出前講義をやった。

この結果分かったことは、理工学部志望の学生は、数は少ないながらとても優秀であること。長生高校では、中大は理科大をはるかに上回る名門校だと思われていること。中大付属高校では、推薦入学希望者の中で理工系志望者は、成績下位の人ばかりだということ。そして出前講義は、労多くして益少ない活動であること（つまり客引き効果はなかったということ）、などである。

一般入試の定員の一定割合を推薦入学に割り当てると、（先に紹介した）合格者数決定問題の難しさが緩和されるだけでなく、一般入試の合格最低点が高くなるので、偏差値を上昇させるというメリットがある。

偏差値が低い大学の中には、半数以上を推薦入学で合格させるところもあるらしい。しかし中大では、すべて合わせても二〇％を超えないようにしていた。

受験偏差値は、企業に対する、格付け会社による一方的な格付け（いわゆる〝勝手格付け〟）に相当するものであるが、河合塾や代々木ゼミなどが行う格付けは、受験界で絶大な権威を持っている。

格付け機関ごとに若干の違いはあるが、大学業界では、〝偏差値が五五以下の大学は早晩消減する〟と囁かれているので、どの大学も偏差値を上げるべく、さまざまな対策を講じているのである。

推薦入学制度は、偏差値改善には一定の効果がある。それでは推薦入学学生と一般入学学生の間に格差は生じないのだろうか。入学後の追跡調査によれば、両者の間に有意な差は認められないということだが、面接担当教員にとっては、悩ましいことがたくさんある。

まずどの範囲の高校まで推薦入学依頼を出すか、という問題。偏差値の高い高校からは、いい学生が来てくれる可能性があるが、いい学生はよりランクが高い大学を受験するから、二番手以下の学生しか推薦されない。

推薦は校長を信頼することが大前提である。したがって、推薦された学生は受け入れるのが原則である。ところが成績はオール五に近い学生でも、面接してみるとあやしい学生もいる。社会の成績が三年を通してオール五という、理工系志望では珍しい学生が居たので、そのあたりを質問してみると、三年の時には社会は履修しませんでしたと仰る。たまたま不正がばれたわけだが、このような学生が他にもいる可能性は十分にある（翌年からこの高校を推薦対象校から外したことはもちろんである）。

帰国子女入学制度は、まことに虚しい制度である。受験するのはピカピカの学生ばかりである。自己推薦文は高校推薦学生よりはるかにレベルが高く、口頭試問に対する受け答えも非の打ちどころがない。ところがそのような学生は、中大より人気が高い大学に取られてしまう。残念なことに私が勤めている間に、中大に入学した帰国子女は一人もいなかった。

最後はスポーツ推薦入学である。私立大学の多くは、スポーツ推薦入学枠を利用して、大学の知名度を上げようと躍起になっている。新興大学の中には、学費を免除した上に、宿舎まで提供するところもあるらしい。

中大はそこまでのことはやらないが、スポーツ推薦枠を利用して、全国各地から優秀なアスリートの確保に努めている。もちろん、学業成績が一定のレベルを超えていることが条件であるが、所属学科は学生の希望を優先させることになっているため、理工学部では〝数学を履修していない学生が、入学を希望したらどうなるか〟と心配する教員もいた。

このような無謀な学生はいないだろう、という楽観的な予想のもとで始まった制度であるが、私が在職中に限って言えば、問題は起こらなかった。スポーツ推薦入学者の大半は、スポーツ施設が充実している、多摩の文系学部を志望したし、理工学部を志望する学生は、スポーツだけでなく、一般科目でも標準を上回る成績を挙げたからである。

既に書いたとおり、入試の多様化は学生にとっては望ましいことだろう。しかし、現在の制度は過剰サービスではなかろうか。入試に投入されている莫大な時間は、教員から研究・教育に充てるべき時間を奪っている。これは私立大学だけではない。東工大を退職するとき、この大学では一三種類の入試が実施されていた。入試委員に当たった人は、その都度問題作成、採点、合格判定などに多くの時間を吸い取られた。

東工大のある有力教授は、「大学というところは、入学してからあとの教育が肝心であって、入試をあれこれ工夫しても、それに見合う効果があるとは思えない」と言っていたが、私はその意見に同意する。

かつての筆記試験一本の制度に戻るべきだ、とは言わないが、費用対効果の点から見て無駄なもの、たとえば中大における帰国子女入学のようなものは、廃止すべきではなかろうか。

8　特許裁判

中大に移籍したとき、私は東京高等裁判所で、「ルーセント・テクノロジーズ社」というアメリカの大企業を相手に、「カーマーカー特許」を無効化するための裁判を行っていた。この件については、『特許ビジネスはどこに行くのか』(岩波書店、二〇〇二)で詳しく紹介したので、詳細はそこに譲るとして、以下ではその概要を説明しよう。

ことの発端は、一九八五年に「AT&Tベル研究所」のカーマーカー博士が、線形計画問題の汎用解法である「単体法」より一〇〇倍速いと称する、「カーマーカー法」を特許申請したことである。

〝数学(的解法)は特許による権利保護の対象とはしない〟のが、特許制度が始まって以来、世界共通の慣行だった。ところが、アメリカ特許商標庁は、一九八八年にこの申請を認可した。歴史上初めて数学特許が成立したのである。

ベル研究所は、日本特許庁にも同じ特許を申請した。特許庁は一九九一年に拒絶査定を行ったが、ベル研の異議申し立て（とアメリカ政府の圧力）を受けて、一九九三年にこの特許を認可した。

この判定に納得できなかった私は、

一、新規性がないこと（全く同じ解法が一七年前に、専門誌上で発表されていた）

二、数学的解法そのものに対する申請であって、（特許付与の基本条件である）〝自然法則を用いた技術的思想〟とは言えないこと

を理由に、異議申し立てを行った。

大方の予想通り異議は却下されたので、無効審判請求を行った。異議申し立てが、裁判における第一審だとすると、無効審判は第二審（上級審）に相当するものである。しかし特許庁は、一九九五年にこの請求を棄却した。

数学特許が認められれば、今後さらにおかしなことが起こると思っていたところ、一九九五年にアメリカで、世界で初めての「ビジネス方法特許」である「ハブ・アンド・スポーク特許」が成立した。

〝資金を多様な資産に分散投資して、一定のリスクのもとで、リターンを最大化する方法とシステム〟に対する特許である。私が取り組んできた、「理財工学」のメインテーマに対する

特許である。

カーマーカー特許とハブ・アンド・スポーク特許は、数理計画法と金融工学を研究している私の足元で炸裂した大型爆弾だった。

〝この際、すべての発端になったカーマーカー特許を葬らなければならない〟と考えた私は、東京高等裁判所に対して、特許審決取り消し訴訟を起こした。

裁判が始まったのは、一九九九年四月である。法学部出身の裁判官が、数学に疎いことは予想通りだった。ところが、ルーセント社（この時経営不振のベル研は、ルーセント社に売却されていた）の代理人である弁理士も、数学の知識がなかった。

裁判長は、「線形計画法について一から説明して頂けないか」とおっしゃる。ところが、二時間のレクチャーを五回やったところで、ルーセント社は特許を放棄した。

二〇〇二年三月に出た判決は、「この特許によって原告が（金銭的）被害を受けた証拠は存在せず、これから先も（金銭的）被害を受けることはない。訴えの理由がないので、原告敗訴、裁判費用は全額原告の負担とする」という判決が下った。

最高裁に上告すれば、違った結果になるかも知れないと思ったが、私にはその気力も資金力もなかった。

このあと暫くして、ヨーロッパから援軍がやってきた。ベルギーに本拠を置く反ソフトウェア特許団体「ＦＦＩＩ」から、共闘の申し入れが届いたのである。

まず手始めとして、ブラッセルで開かれる反対集会で、ローレンス・レッシグ教授（ハーバード大学法学部）と、リチャード・ストールマン博士（「プログラミングの自由連盟」会長）という二人の大物とともに、基調講演をやってもらいたいという。

〝ソフトウェア特許に対する反対意見を、公の場で表明している日本人は、あなた一人だけです。ぜひ私どもと共闘して頂けませんか〟という文面に心が動いた。しかしこの集会に出席すれば、私は〝日本を代表する反ソフトウェア特許の闘士〟に祭り上げられるだろう。

私は数学特許やビジネス方法特許には反対だが、レッシグ教授のように、特許制度そのものに反対しているわけではない。特許は、技術者に対して、発明のインセンティブ与えるために不可欠な制度である。

この当時、企業の特許部門に勤める人たちや、特許申請にあたって特許文書の作成に携わる弁理士集団の間では、特許紛争を扱う裁判官に対する不信感が渦巻いていた。法学部出身の裁判官には、十分な技術知識がないので、判決に信頼がおけないというのである。

アメリカでは、大学で技術知識を習得した人が、ロー・スクールで法学を学んだあと裁判官になり、特許紛争に対応している。しかし日本では、裁判官のほとんどは、全く技術の素養を欠いている。〝日本も技術に明るい「技術判事制度」を作るべきではないか〟。これは特許関係者としては、極めて当たり前の主張である。

ところが日本では、司法試験に受からなければ裁判官になれない。この試験をパスするためには、憲法、民法、民事訴訟法、商法、刑法、刑事訴訟法の六法すべてを習得しなければならない。

しかし、特許紛争を担当する判事が、一般の裁判官並みの知識を必要とするだろうか。彼らについては、一般の判事とは異なる基準で採用すべきではないか、と私は主張した。折から二〇〇一年に成立した小泉内閣は、「知財立国」という看板を掲げ、知財制度改革に乗り出していた。

世間の注意を喚起すべく、私は二〇〇二年の五月に、日本のソフトウェア特許制度やカーマーカー特許裁判の経緯を紹介した、『特許ビジネスはどこに行くのか』(既出)いう本を出した。

この本が出て間もないころ、東大の「先端科学技術研究センター」に勤める渡部俊哉教授が、私の研究室に顔を出した。東工大出身のこの人は、わが国における知的財産権問題に関する若手のリーダーである。

「近々、「日本知財学会」という学会を立ち上げることになりました。弁理士さんや、企業における特許関係者、大学の知財問題研究者などが中心になる学会です」

「それはタイムリーですね」

「そこでお願いがあります。この学会の副会長をお引き受けいただけないでしょうか」
「私に務まりますかね。特許法は勉強しましたが、知財問題については素人です」
「大学勤めの理工系研究者で、知財問題について知識がある人はほとんどいませんので、お引き受けいただけませんか」

迷った挙句、私は渡部教授の要望を受け入れて、二〇〇二年一〇月から三年にわたって副会長を務めた。しかし、会長をはじめとする理事たちは、技術判事制度に前向きではなかった。

このような状況の中で、私は自民党の「司法制度改革懇談会」で意見を述べる機会を与えられた。自民党本部で開かれた公聴会で、私は技術判事制度について、従来から主張してきたことを述べた。しかし懇談会のメンバーは、私の発言に冷笑を浴びせた。

この後、技術判事制度は実現一歩前まで行ったということだ。日本経済新聞の一面に、「技術判事制度の設立決まる」という記事が出た時は、友人からお祝いの電話が入った。残念ながらこれは誤報だった。

二〇〇五年に新設された「知的財産高等裁判所」は、従来の裁判所とは独立の組織だということになっている。しかし実際には、東京高等裁判所の下部組織の一つに過ぎない。政府の発表によれば、知財高等裁判所が出来てから、特許裁判のパフォーマンスは著しく改善されたということだが、本当のところはどうなのかよくわからない。

既に述べたとおり、日本の技術者は、専門以外のことには発言しないのが美徳だと考えている。自分たちが技術の問題に真摯に取り組んでいるのと同様に、法律家も法律の問題に真摯に取り組んでいる、と考えているのである。しかし、法律家は技術者とは全く異なる生きものである。彼らは権力者に弱いのである。

このころの私は、もう一つの重要な仕事を抱えていた。二〇〇四年の六月に、日本OR学会会長に就任したからである。

私はそれまでも、いくつかの学会の会長や副会長を務めている。しかしこれらの役職は、他に適当な人が居ないという理由で引き受けたものである。またこれらの学会は、会員数が数百人程度の小さな学会である。

ところが五〇年の歴史を持つOR学会は、二五〇〇人の会員を擁する由緒正しい学会である。若いころからのホームグラウンドであるOR学会の会長職は、私の研究者としてのキャリアの中で最も重要な任務だった。

会長には、二〇〇七年の創立五〇周年に向けて、いくつものイベントを取り仕切る任務がある。一方知財学会の副会長は、私でなくてもやれる仕事である。しかも会長をはじめ理事の大半は、政府の方針を受け入れた。考え方が異なる私は、一期限りで退任しようと思っていた。

9 産学官連携・知財戦略本部長

二〇〇四年の秋、私は大学時代の後輩にあたる田中理工学部長に呼び出された。

田中教授は、東大工学部を卒業したあと、数年間民間企業に勤めたが、研究者を目指して大学に戻った。そして数年間伊藤教授の助手を務めたあと、山梨大学の計算機科学科に勤めていた時に、中大の情報工学科に招かれた逸材である。

田中教授は研究能力だけでなく、事務能力にも優れていた。同僚の中には、有能で人柄がいい田中教授は、いずれ理工学部出身の最初の学長になるのではないか、と期待を寄せる人もいた。

工学部教授は、大体のことは電話で済ませるのがふつうである。〝電話で済まない用件となれば、いい話であるはずがない〟。胸騒ぎを覚えながら、私は学部長室に駆けつけた。

「お忙しいところ申し訳ありませんが、「産学官連携・知財戦略本部長」（以下、本部長と略す）

をお引き受けいただけないでしょうか。S教授が、任期途中でこの仕事を放り出したので、困っているのです」

理工系大学では、任期途中に重要な仕事を放り出すのは、よくよくの場合である。

「大事な仕事だと思ったので引き受けたが、大学側がそれに見合う対応をしてくれないので、やめさせてほしいというのです。他大学は、副学長クラスの人が任命されているのに、自分は一般教育担当のヒラ教授なので、恰好がつかないと言うんですね。つまり、副学長にしろと言うことでしょうが、大学の上層部はこの問題に前向きではないのです。

なるべく早く後任を決めなくてはならないのですが、理工学部で知財問題に詳しい人は、先生以外にはいません。お忙しいところ心苦しいのですが、何とかお願いできないでしょうか」

〝後輩の頼みを、むげに断るわけにはいかない。学部長から見れば、知財学会の副会長を務める私は、この問題のプロである。要介護度三の認定を受けた妻の病状は、これから先ますます悪くなるだろう。しかし、一年程度なら何とかなるかもしれない。それにこの仕事を引き受ければ、あの厄介な仕事から逃げられる〟。

厄介な仕事とは、セブン＆アイ・ホールディングスの会長を務める、鈴木敏文・中大理事長の肝いりで計画されている、夜間のビジネス・スクール構想である。〝後楽園キャンパスに開設される以上、理工学部も協力を求められることは必至だが、候補になるのは、ビジネス・スクールと接点がある経営システム工学科の誰か、おそらく統計学／データ解析の専門家である鎌田教授か、ＯＲと金融工学（ファイナンス理論）の専門家である私だ〟。

構想が具体化して、理事長から学部長経由で依頼がくれば、絶対に断るわけにはいかない。中大における鈴木理事長は、東工大における末岡学長以上の権力者だからである。

二一世紀に入って、あちこちの大学に夜間ビジネス・スクールが設立された。しかし、一橋、早稲田など一握りのブランド大学以外は苦戦している。そんなところに中大が参入しても、成功はおぼつかない。しかし理事長は、ＯＢ組織である「白門会」の支援があれば、十分やっていけると考えている。

〝見通しがはっきりしないプロジェクトに引っ張り込まれるより、ここで学部長の依頼を受ける方が賢いのではないか〟。こう考えた私は、本部長を引き受けた。

〝産学官連携〟というのは、国、企業、大学が協力して技術開発を行うことを目的とする、長い歴史を持つ政策である。しかし、日本の大学には古くから産学協同研究に対するアレルギーがあったため、政府が笛を吹いても、思うような成果は上がらなかった。

一方の〝知財戦略本部〟は、小泉内閣が推進する「知財立国」政策を受けて、文科省が各大学に設立をプッシュした組織である。その主要な任務は

一、大学の知財管理を徹底して、技術の外部流出を防ぐこと

二、大学の研究者に、特許申請を奨励すること

三、企業との協同研究にあたって、大学教員が守るべきルールを設定すること

の三つである。

一つ目は、従来極めて緩やかだった、日本の大学における技術管理を強化することによって、重要な技術情報の外部流出を防ぐことである。これによって、産学共同研究を活性化させようと言うわけである。

二つ目は、研究成果を学術論文として発表することには熱心だが、特許申請には関心が薄い大学教員に、特許取得の重要性を認識させて、技術が外国に盗まれるのを防ごうということである。

三つ目は、教員が企業と産学共同研究を行う際に、一定の縛りを掛けておかないと、本来の業務（研究と教育）との〝利益相反〟が発生する可能性があるので、そのルールをはっきりさせることである。

設立後数年間は、国の資金援助が得られることになっているため、各大学は専任スタッフを雇用して「知的財産本部」を設立した。中大では特許庁審査官ＯＢと、ブリジストン社の特許部長を務めた人物を招いて、一年半前ほどにこの組織を設立した。

大学の中には、これらのスタッフに教授ポストを提供し、本部長には大学で要職（たとえば

副学長）に就いている人を充てたところが多い。しかし中大では、そのような手当ては行われなかった。〝法科の中大〟では、特許の専門家ごときに教授ポストを与えることに抵抗があったからだろう。

私は大学院生だったときに、「特許法」の講義を履修したことがある。ところが、講義を担当したのは法学部教授ではなく、民間企業の特許部門に勤める技術者だった。数十人のスタッフを擁する東大法学部には、特許法の専門家が一人もいないからだという。特許法は長い間、法学部では研究するに値しない、実務家たちのテーマだと見做されていたのである（法科の中大も事情は同じだっただろう）。

就任してすぐ、私は事務局に挨拶に出かけた。ブリジストン社の特許部長を務めた岩村氏と、中大出身の事務職員の名倉氏は、友好的に対応してくれた。一方特許庁ＯＢ氏は、私を敬遠していた。カーマーカー特許の件で特許庁に楯ついた私は、良くも悪くも特許関係者の間で有名だったのである。

本部長の任務は、毎週一回定例会議を開催して、新たな展開について協議すること、特許庁や文科省で開催される会議に出席すること、必要に応じて教授会で報告すること、他大学との情報交換を行うこと、何人かの教員と事務局員とともに、毎年一回全国各地で開催される大学発明展示会に出席することなどである。

他大学の本部長は、ほとんど副学長クラスの人だから、ヒラ教授は名刺交換の際に見下されるような感じがする。しかし、一年あまり我慢すれば済む。こう思っていたところ、私の任期は一年半ではなく、四年半、つまり前任者の残り任期、プラス新任者の任期だということが分かった。

最初にこのルールを知らされていたら、引き受けなかったかも知れない。しかし、一年半でやめれば角が立つし、設立が確定したビジネス・スクールで勤労奉仕させられる。要介護度三の妻のことを考えると、夜間に家を空けることは避けたい。

こう考えた私は、二期目も本部長を引き受けることにした。この結果、前任者のピンチヒッターとして、腰掛け的に仕事をやっていた私は、本格的にこの仕事に取り組まざるを得ない状況に追い込まれた。

厄介なのは、理工学部の教員すべてに特許取得をプッシュする仕事である。内閣府の「知財戦略本部長」を務める元特許庁長官は、「大学の教員は、論文を書くより特許申請を優先すべきだ」と主張している。

この言葉を受けて、ある国立大学の学長は、「教員の業績評価において、特許を論文と同程度（以上に）評価する」と宣言した。また全国各地の大学で、トッキョ、トッキョの声が溢れた。教員に特許を取得させ、そこから得られる収益を教員と折半することによって、大学も大いに稼ぎましょうというわけである。

　このような状況の中で、ＯＲやソフトウェア科学が専門の若手研究者は苦慮していた。これらの分野は、数学と密接につながっている。数学畑出身の研究者も多い。数学関係者は特許には否定的である。ユークリッドやガウスの昔から、数学は先人が導いた成果を自由に使用することによって発展してきたからである。

　自分の（取るに足りない）研究成果で特許を取得したら、仲間たちの物笑いになる。しかし、特許申請しなければ、大学における自分の評価が下がる。

　私の知り合いの若手研究者は、「審査をパスしないように、わざと間違いを含んだ特許文書を作成している」とぼやいていた。多くの大学では、特許は申請するだけで、（審査をパスしなくても）業績としてカウントしてもらえる。申請費用は大学が負担してくれる上に、一件につき一万円程度の報奨金が出るので、バカげていると思いながらも申請するのである。

　研究者は、自分の研究成果が社会的に役に立ち、金銭的な報酬が得られる可能性があると思えば、自発的に特許申請する。医学や薬学の分野では、特許申請は当たり前に行われている。

　つまり、一口に理工系の研究と言っても、特許になじむ分野とそうでない分野がある。そのあたりの事情を考えずに、すべての教員に特許申請をプッシュするのはナンセンスである。そこで私は、この件は無視することにした。

しかし本部長としては、何もしないで三年を過ごすわけにはいかない。そこで私は第三の問題、すなわち教員の「利益相反問題」に絞ることにした。岩村氏によれば、これだけでも大変な成果になるという。

なぜなら、法学部教授の中には弁護士として、また商学部教授の中には公認会計士として、大学からもらう給料を上回る収入を得ている人が大勢いるからである。こういう人は大学の仕事より、個人のビジネスに多くの時間を使っている可能性がある。

彼らは、大学が利益相反規定を制定して、自分のビジネスに枠をはめられることに猛反対するだろう。しかし国は、相次いで発生する教員の不祥事を防ぐべく、早急にこの規定を作るよう要求している。

全学に共通する規定を作成することは、絶望的に難しい。しかし経産省や総務省は、数年以内に利益相反規定を作成しない大学には、研究費を出さないと言っている。理工系の研究者は、研究費がなければお手上げである。一方多摩の文系教員は、国からお金を貰えなくても気にしない。

そこで私は知恵を絞った。まずは、理工学部だけを対象とする規定を作る。国からの研究費を必要とする教員で、この規定を作ることに反対する人は少ない。

一方文系教員たちは、自分たちに関係がないことには関心がない。〝しかし、理工学部が規定を作れば、時間の経過とともに、この規定は全学に浸透していくのではないか〞。これが私の思惑だった。

われわれが作った理工学部規定は、予想通りすんなり理工学部教授会をパスした。問題はこの規定を、学部長会議に諮らなければならないことである。抜け目がない法学部長や商学部長は、われわれの作戦を見破るかもしれない。〝これを通したら、いずれは自分たちも規定を作らなければならない〞と。

私の説明と田中理工学部長の補足説明に対して、さまざまな質問が投げかけられたが、「この規定がないと、理工学部にとって由々しきことになるということであれば、認めざるをえないでしょう」という法学部長の〝鶴の一声〞で、一件落着となった。

これほど汗をかいたのは、東工大時代に理財工学研究センターを設立するにあたって、文部省のヒアリングを受けた時以来である。私だけでなく、同席していた岩村、名倉両氏も冷や汗をかいていた（思った通り、この後間もなく文系学部も、似たような規定を作った）。

学科主任を務め、四年半にわたって本部長を務める間に、私は多くの事務職員と付き合った。その過程で分かったことは、事務局の中枢を占める人の大半は中大OBであること、彼らは中大の発展のために本気で働いている、ということである。二〇〇五年以降は、派遣職員が増えたが、彼らも専任職員と同じように働いてくれた。

私はプッシュしなかったが、文科省の意向を重視する教員は、論文だけでなく特許申請にも時間を割いた。この結果、申請件数は倍増した。しかし、(お金が掛かる)審査請求を行うケースは、それほど増えなかった。審査請求に先立って、特許のプロである岩村氏と元特許庁審査官氏が書類をチェックして、通りそうもないものは、審査請求しなかったからである。

この制度のおかげで、特許料収入が増えたのは、東大、京大、大阪大など一握りの大学だけである。例えば東大は、この制度が成立してから一〇年の間に、二〇億円程度の収入があったそうだが、この制度を維持するための費用を差し引けば、一年あたりの収益は高々一〇〇〇万円程度だろう。

東大ですらこうなのだから、ほかに大学は知れている。実際私が本部長を退任するとき、中大の年間特許料収入は、一〇〇万円程度に過ぎなかった。経費を差し引いたあとは、完全な赤字である。国の支援が打ち切られた今、各大学はこの制度の維持に苦労しているのではなかろうか。

昔々から特許関係者の間では、お金になる特許は一〇〇〇に三つくらいだと言われている。企業は特許を申請するときに周辺特許を沢山申請して、他社に出し抜かれないよう努力している。しかし、大学はそこまでのことはやれない。

したがってこれから先も、中央大学が特許そのもので収益を得ることは難しいだろう(教員が取得した特許を使って、企業と共同で商品開発を行えば、収益を上げることは可能であるが、企業側はあまり乗り気でないということだ）。

このところ、わが国の大学政策は問題だらけである。博士量産政策、法科大学院構想、過度の競争原理と成果主義の導入、文系学部の廃止・縮小などなど。新しい政策が導入されるたびに、大学教員の困惑と負担は増す一方である。

大学教員に特許取得をプッシュする政策も、一部の大学を除けば無駄遣いに終わるだろう。ちなみに中大では、国の資金が打ち切られたあと、知財戦略本部は特別な活動を行っていないようである。

10　社会的貢献活動

すでに書いたとおり、大学教員の最も重要な任務は、研究と教育である。しかしそれ以外にも、大学管理業務（またの名前は雑用）と社会的貢献活動という仕事がある。

教員ごとに、これらの仕事に配分している時間にはばらつきがある。独立法人化後の東工大の場合、平均的に見て研究が四〇％、教育が二五％、雑用が二五％、社会的貢献が一〇％程度ではなかろうか。法人化のおかげで、雑用が五％増えた分だけ、研究に充当する時間が減ったのである（五％ではなく一〇％以上だという説もある）。

一方中大理工学部の場合は、研究が三〇％、教育が四〇％、大学管理業務が二〇％、そして社会的貢献活動が一〇％くらいである。

社会的貢献活動としては、各種講演会の講師、教科書・啓発書・解説記事などの執筆、学会役員、政府や地方自治体の審議会委員、公的機関や企業に対するコンサルティングなどがある。

大学に勤める者としては、一定の範囲で社会の要請に応えることが求められるが、本務（研究・教育・大学管理業務）とのコンフリクトが生じる可能性があるので、注意が必要である。

中大理工学部の利益相反規定は、民間企業との共同研究やコンサルティング活動については、週に一日（八時間程度）を超える場合は、教授会に届け出て承認を得るよう定めている。

この規定に違反した場合の罰則はない。しかし理工学部の場合は、九五％以上の教員はこの規定を順守している。一方文系学部の場合は、多数の（一〇社以上の）企業の社外取締役を務めている人や、弁護士事務所や会計事務所を開設して、多額の収入を手にしている人が少なくないので、何らかの罰則が必要かもしれない。

一般的に言って、私立大学は国立大学より規制が緩いので、毎週何回もテレビに登場するタレントのような教授を見かける。一方、理工系教授がテレビに映るのは、専門的知識を開陳する場合だけである。私の場合、テレビからお呼びがかかったのは一度だけである。

講演については、金融工学やソフトウェア特許問題に関する研修会講師（二時間程度）を頼まれ、最低一万円、最高一〇万円の謝礼を頂戴した（これは、売れっ子エコノミストの場合の一〇分の一以下である）。

教科書・啓発書・解説記事は、自分でも驚くほど沢山書いた。一冊の教科書を書くためには、一〇〇〇時間以上、啓発書の場合は五〇〇時間から一〇〇〇時間くらいかかる。東工大時代に書いた教科書の中には、一万部の大台を超えたものもある。

しかし、コピー機の進化と出版不況の影響で、最近は教科書が売れなくなったので、そこから得られる収入は、時給に換算すると三〇〇円程度になってしまった。それにもかかわらず、理工学部教授が教科書を書く理由はただ一つ、後進を育てるためである（学会誌の求めに応じて書く解説記事の原稿料は、これよりさらに少ない）。

政府の審議会には、経産省の「ソフトウェア特許検討委員会」をはじめ、五回ほどお付き合いしたが、むなしさが残るものが多かった。なぜならこの種の会合は、事務局が作成した原案に、委員長以下数名の指導的メンバーが手を加えたものを追認するケースが多く、自分の意見を述べる機会はほとんどなかったからである。

委員長もしくは副委員長になれば、自分の意見を通すこともできるが、委員長になるまでには、多大な忍耐力が必要である（私にはそのような忍耐力はない）。

審議会委員になると、貴重な資料が手に入るし、審議会が終了した後、顎脚付きの海外視察に招待されることもあった。しかし多忙な工学部教授には、豪華ツアーに参加する時間はなかった。

企業や公共機関に対するコンサルティング活動には、おいしい話がたくさんあるようだ。しかし、私には苦い思い出しかない。

一九九八年の春、ある公的年金運用機関から、三〇〇〇億円の資金の運用方針策定委員会の委員長を依頼された。資産運用理論の専門家である私は、好奇心も手伝って、この仕事を引き受けた。

委員は大学関係者が私とK大教授の二人、お役所の代表者が二人、政府系銀行のエコノミストが二人、生命保険会社の資産運用担当者が一人、そして年金運用機関から、理事長と数人の職員である。

一回目の委員会は、理事長のあいさつ、運用機関の任務に関する説明、各委員の自己紹介でおしまい。二回目は、昨今の経済情勢と資産運用環境に関する説明と質疑。

三回目になって、委託を受けた大手生保会社の担当者が、ハイリスク・ハイリターンのA案、ミドルリスク・ミドルリターンのB案、ローリスク・ローリターンのC案を提示。

使用された資産運用モデルは、古典的なマーコビッツの「平均・分散モデル」である。A案はあまりにもリスキー、C案はあまりにも消極的なので、三つの中ではB案を選ぶしかない。

運用機関の理事は、お役所の天下り揃いである。また銀行や役所から派遣された委員は、もっともらしい意見を述べるが、資産運用理論に関する専門知識はない。委員の中で専門家は、私とK大教授の二人だけという状況の中、より綿密な計算を実施すべきだと言っても手遅れである。

この結果、四回目の委員会でB案が採択され、五回目はシャンシャンでおしまいになった。後で知ったことだが、生保会社のスタッフは、大した委託料がもらえるわけでもないので、マニュアル通り手軽にやったということだ。

一回につき二時間、合計五回の委員会で、実質的な検討が行われたのは二回だけ。三〇〇〇億円の年金資金の運用が、このようにして決まって行くことに、私はK大教授と顔を見合わせ、ため息をつくばかりだった。

人間には将来を確実に予測する能力は乏しい。したがって、最新技法を駆使しても、必ずいい成績が上がる保証はない。しかし、現段階におけるもっとも信頼すべき手法を用いて、慎重の上にも慎重を期すのが、公的年金運用の鉄則である。

アメリカには、古くから公的年金運用に関する「プルーデントマン・ルール（慎重居士ルール）」なるものがあって、万一大きな損失が発生した場合には、いかなる方法を駆使してもそれを防ぐことはできなかった、ということを立証できない場合は、運用責任者が刑務所送りになる場合もある。この点から見れば、われわれはプルーデントマン・ルールを守ったとは言えない。

三年後の二〇〇一年に、運用方針を見直す委員会が設定され、再び委員長に就任するよう求められたが、私はこの要請を断った。

なぜなら、公的機関に対する情報開示要求が高まった結果、資産運用検討委員会のメンバーが、ネット上で公表されるようになり、基金が大きな損失を出したときには、運用方針策定に関与した委員（特に委員長）は、訴訟を起こされる可能性が出てきたからである。

一億円単位の委員長報酬を頂戴できるのであればともかく、一回二万円の手当では割に合わない（一億円もらえば、専門家の権威に賭けて、本気でこの仕事にコミットしただろう）。

これが公的年金基金の運用実態である（これ以外の年金運用基金の実態も、あまり違わないだろう）。それでも、この当時の公的年金運用には、株式運用の比率は最大二〇%まで、外国資産に対する運用比率も一〇%まで、という縛りがあったから、どのみち保守的運用しかできなかった。この結果、損害の幅は限定されていた。

ところが、アベノミクスを推進するために、二〇一三年に年金基金の運用規制が大きく緩和された。今では、価格変動が大きい株式に五〇+一七%まで、為替リスクを伴う海外資産にも、為替リスクヘッジなしで、四〇+一六%まで投資できるようになった。

この結果、著しくリスキーな年金運用が可能になった。実際、現在は株式に五〇%、外国資産にも五〇%の資金が投入されているという。世界中を見渡しても、これほどハイリスクな年金運用を行っている国は日本だけである。

アメリカでは年金運用の基本は、価格変動が小さい国債運用が中心である。ハイリスク運用は、損害が発生しても生活に困らない富裕層と、ハイリターンを狙うギャンブラーの専売特許である。

予想された通り、ここ数年間わが国の年金運用成績は乱高下を繰り返している。一般市民の年金を預かる機関が、このようなハイリスク運用に手を出したのは、驚くべきことである。もし先に紹介したような〝手軽な〟手法で運用されているとすれば、（六年前まで）資産運用理論の研究者だった私は、言葉を失うのである。

〝株式投資は五〇＋一七％まで、海外資産への投資は四〇＋一六％まで〟というルールの決定に携わった委員諸氏は、国民から集団訴訟を起こされるリスクを考えたのだろうか。まことに大胆な人たちの集まりというほかない。

もう一つ、政府系金融機関から頂いた、トホホな研究依頼を紹介しよう。この金融機関（以下ではK基金と呼ぶ）は、発展途上国に巨額（数兆円）の有償借款（貸し付け）を行っていた。借り手は、いずれ元本を返済する約束になっているが、果たして本当に返してくれるのか。貸したお金がデフォルト（貸し倒れ）になるリスクは「信用リスク」と呼ばれ、バブル崩壊後の日本で大問題になっていた。

八〇年代から手掛けてきた、資産運用理論の研究に一通りの区切りがついたあと、私は信用リスクの研究に重点を移した。企業が発表する財務データをもとにして、貸し倒れ確率を計算する研究である。

いくつかの新しい結果を導いた私は、数年後にはわが国における、信用リスク研究リーダーの一人とみなされるようになった。

二〇〇三年のある日、二人の人物が中大の研究室に姿を現した。

「K基金のものですが、先生にお願いがあって伺いました」

「どのようなご用件でしょうか」

「私どもはODAとして、発展途上国に数兆円のお金を貸付けていますが、このところ財務省から指導が入り苦慮しています。貸付け金の貸し倒れリスクについて報告せよ、というのです。そこで、かねてお世話になっているH大のK教授にご相談したところ、信用リスクなら先生がお詳しいと伺いましたので、ご協力いただきたく、お願いに上がりました」

「そうですか。私は企業の信用リスクについて研究していますが、カントリー・リスク（国が抱えるリスク）の研究はやったことがありません。しかし、国家財政に関するデータが手に入れば、同じような手法で貸し倒れ確率を計算できるかもしれません」

「ご協力いただけるでしょうか」

「あれこれ仕事を抱えていますので、どのくらいの時間を割くことができるか、よくわかりませんが、日本という国にとって大事な問題なので、条件次第では考えてみます」

「助かります。こちらの条件を申し上げますと、大学に対する一〇〇万円の研究費のほかに、学生アルバイト代として、五〇万円を用意しております。できれば、半年以内に結果を出していただけると助かります」

数兆円のお金に関する信用リスクの測定を、一〇〇万円の研究費でやらせよう、しかも半年で答えを出せという非常識な依頼に私は絶句した。

「これは、五〇万円程度の学生アルバイトで済むような、簡単な問題ではありません」

「五〇万円で足りない場合は、もう五〇万円くらいならご用意できるかもしれません。もう一つお願いがあります。財務省には、貸し倒れリスクは心配するほどのものではない、という報告を出さなくてはなりませんので、そのあたりはよろしくお願いいたします」

つまりはこういうことだ。研究はどうでもいいから、一五〇万円で信用リスクの専門家である私のお墨付きを貰って、財務省や国民の目をごまかそうというのだ。

私は二日後に、多忙につき引き受けられない旨の手紙を書いた。このような仕事を引き受ければ、研究者としての経歴に傷がつくと思ったからである。

この仕事を引き受ける人がいたかどうかは知らない。しかしこの後間もなく、K基金は別の政府系金融機関に吸収合併されてしまった（貸し付けたお金は、無事回収できたのだろうか。回収できなくても、誰も責任は取らなかっただろう）。

11　時代遅れの工学部教授

中大に移ってからも、私は先輩たちの忠告を気にしながら、毎年三～四編の論文を書いた。研究がうまく行った原因は、優秀な学生の協力が得られたことと、二つの研究テーマを抱えていたことである。

一つ目は、数理計画法（大域的最適化法）の研究、二つ目は金融工学（資産運用理論と信用リスク計量）の研究である。前者は理論（数学的）研究で、後者は応用研究である。

一般的に言って、理論研究者は、応用研究を敬遠する傾向がある。現場の問題を扱う応用研究は、理論通りにいかないことが多いので、研究成果を論文としてまとめるのが難しいからである。

一方応用研究者は、理論研究の大半は役に立たないと思っている（そう言われても仕方がない部分もある）。だから日本では、理論研究と応用研究を同時に手がける研究者は少ない。

ところが、海外の研究機関に勤めている間に、私は理論・応用の二刀流戦略で、論文を書きまくっている研究者たちと知り合いになった。

彼らを見ていて分かったことは、応用研究をやっているうちに、新しい理論研究の種を見つけるということである。あるときは応用研究をやり、あるときは理論研究をやる。理論と応用を行ったり来たりすることで、デッドロックに乗り上げることを避けながら、次々と論文を書くのである。

私は大域的最適化法の研究で得られた成果を、金融工学に応用することによって、理論的論文と応用的論文を書いた。〝一粒で二回おいしい研究〟である。また金融工学の研究をやっている過程で、しばしば理論研究のテーマが見つかった。

ところがあるところから、このサイクルがうまく回転しなくなった。応用研究で発生する問題が次第に複雑化し、理論研究が思うように進まなくなったからである。デッドロックを乗り越えるためには、全く新しい何かが必要だが、二度目の定年を迎えるまでに、何かが手に入る可能性は小さい。

ところがここに思いがけないことが起こる。大域的最適化法を使って解いた金融工学上の問題が、「ＣＰＬＥＸ」という最適化ソフトウェアを使うと、数倍速く解けることが分かったのである。

数年前から若い研究者の間に、「CPLEXはすごく速いぞ」という声があることは知っていた。このソフトは、ロバート・ビクスビー教授（ライス大学）を中心とするグループが開発したもので、従来うまく解けないと言われていた「整数線形計画問題」を、とても速く解いてくれるという。

私は三〇代初めから一〇年近く、整数線形計画問題（変数の中に整数条件を満たさなくてはならないものが含まれている線形計画問題）の研究をやっていた。しかしこの研究は、めぼしい成果にはつながらなかった。私だけではない。世界中で何百人もの研究者が、この難問にかかわって討ち死にした。

〝おそらくこの種の問題は、自分が生きている間は、うまく解けないだろう〟と思った私は、「大域的最適化」の研究に方向転換し、いくつかの成果を導いた。

CPLEXは、ダンツィクの「単体法」、カーマーカー法を改良した「主・双対内点法」、そして遥か昔に死んだはずの、ゴモリーの「切除平面法」の三つを組み合わせたソフトウェアである。

ところが数理計画法の専門家たちは、このソフトには少々怪しいところがあると思っていた。〝難しい問題がそれほど速く解けるはずがない。どこかでごまかしているのではないか〟というわけである。

CPLEXの正しさを確認するためには、同じ問題を別のソフトを使って解く必要がある。ところがこの当時、CPLEX以外に大規模な整数計画問題を解くソフトは存在しなかった。当然私も疑っていた。ところがこのソフトが、大学関係者には安く提供されることになったので、早速購入して、学生諸君に様々な問題を解いてもらうことにした。結果は驚くべきものだった。

われわれが大域的最適化法を用いて解いた問題を、整数計画問題として定式化し直して、CPLEXで解かせたところ、数倍速く全く同じ答えを打ち出した。二〇年近い時間を掛けて組み立ててきた大域的最適化法が、CPLEXに完敗したのである。

〝時代が変わったのだ！〟。この時のショックは、イギリスのEU離脱のニュースを知った時より大きかった（トランプ氏が大統領選で勝った時よりは小さかったが）。

大域的最適化法の研究者である私は落ち込んだ。もちろん、大域的最適化法を使わなければ解けない問題はいくらでもある。しかし実用的問題の多くは、さまざまな工夫を施すことによって、整数線形計画問題として定式化し直すことができるからである。

一方、金融工学の研究者である私にとって、CPLEXは頼もしい援軍だった。私は学生諸君の協力のもとで次々と難問を解き、論文を書いた。

この結果、二度目の定年を迎えるまでに、かねて目標として来た、〝レフェリー付き論文一五〇編〟が達成されることは確実になった。

ここで私は、若くして亡くなった、白川浩教授（東工大）が残して行った問題を思い出した。倒産確率を計算する際に発生する、回帰分析の変数選択問題である。〝財務諸表をもとにして計算される、一〇〇個余りの指標の中から、数千社の企業の業績と最も当てはまりがいい一八個の指標を選び出せ〟。これが白川問題である。

一〇〇個の指標から一八個を選び出すあらゆる組み合わせを列挙して、どれが最も当てはまりがいいかを調べればいいわけだが、すべてのケースをしらみつぶしに調べるためには、スーパー・コンピュータを使っても何百年もかかる。

白川教授は、自分が構想した「インターネット・ファイナンス・システム」を作る上で、この問題がカギを握っていると言っていた。白川教授の夭折によって、このプロジェクトは頓挫したが、その後もこの問題は私の頭に引っかかっていた。〝あの世に行く前に、白川問題に決着をつけたいが、おそらくそれは無理だろう〟。

ところがある工夫を施して、この問題をCPLEXで解かせてみたところ、あっさり答えが出てきた。そこで暫く前に発売された、XPRESS[MP]というソフトで同じ問題を解いたところ、両者の答えは完全に一致した。

XPRESS[MP]を開発したグループは、整数計画法の世界的権威で、かつて私が師と仰いだエゴン・バラス教授（カーネギー・メロン大学）の協力を得たということだから、ＣＰＬＥＸをコピーするという姑息なことはやらないはずだ。二つのグループが独立に開発したソフトが、同じ答えを打ち出したということは、両者とも正しいことの証拠になる。

私は白川教授の遺影に向かって報告した。「少し遅くなったけれど、君が残していった問題はうまく解けたよ」と。

中大に赴任した時に抱えていた、資産運用問題はすべて解けた。長年の懸案だった白川問題も解けた。この問題が解けた後、私は急に歳を取ったような気がした。

ノーベル物理学賞を受賞した江崎玲於奈教授は、科学者の独創性は七〇歳でゼロになると言ったが、六六歳の私の独創性はほとんどゼロではないか。そうだとすれば、この先ロクな論文が書けるはずがない。

目標を失った原因はこれ以外にもあった。私の師であるダンツィク教授と森口教授が、二〇〇四年と〇五年に相次いで亡くなられたことである。私がここまで頑張ってきたのは、いい研究結果を出して、二人の先生に褒めてもらいたかったからである。

研究そのものが面白かったことは事実である。しかし、それ以上に重要なことは、二人の大教授に評価されることだった。

ダンツィク教授は、不運なことにノーベル賞を取ることは出来なかったが、「線形計画法の父」、今では「二〇世紀のラグランジュ」と呼ばれる大学者である。また森口教授は、昭和の日本を代表するスーパー・エンジニアである。

二人の大先生の弟子である私は、〝捕まえてきたネズミを飼い主に見せる猫〟のような存在だった。〝飼い主がいなくなったのに、ネズミを捕まえてもむなしい。それにこれから先は、痩せた子ネズミしか見つからないだろう〟。四年先には二度目の、そして最後の定年という滝壺が待っている。

アメリカでの調査によれば、大学教授なるものは定年が何歳であろうと、その三年前から生産性が落ちるという。なぜそうなのかと言えば、定年三年前になると、博士課程の学生を採用できなくなるからだ、と私は考えている。

アメリカの工学部教授は、常時二～三人、多ければ五～六人の博士課程学生を抱えている。彼らは、優秀な学生とのウィンウィン関係を日本人以上に大事にしている。彼らの研究成果の多くは、学生との共同研究から生み出されているのである。

したがって、学生が減ると研究成果も出にくくなる。一方学生がいれば、独創性は衰えても学生にカバーして貰うことができる。自分はアイディアを出し、研究成果を論文にまとめる部分を担当し、途中の計算や実験は学生にやって貰う。こうすれば生産性は維持されるのである。

しかし、アイディアはあっても、実験を担当してくれる学生がいなければ、論文は書けない。

私は五〇代に入るまで、一般教育グループに所属していたから、育てた博士の数は一〇人に過ぎない。これに対して、専門教育担当教授の中には、生涯で一〇〇人近い博士を生んだ人もいる。

私は、博士課程の学生が少ない部分を、修士課程の学生に補って貰った。東工大の修士の大半は博士課程の学生と同じくらい優秀だった。また中大の修士も、半数以上は優秀だった。私はこれらの学生に支えられていたのである。

私の研究活動は、二〇〇七年を境にスローダウンした。これは研究意欲が低下したため、そして妻の難病が進行したためである。

しかし、全く研究しなかったのかと言えば、そうでもない。東工大時代にスタートさせた「信用リスク問題」に取り組んでいた。白川問題を解いた結果得られる一八個の指標を使って、企業の倒産確率を計算する研究と、それをもとにして多数の企業を効率的に格付けする研究である。

この研究に協力してくれたのは、慶応大学経済学部で修士号を取ったあと、R銀行に勤めていたO君である。

「勤務先の国内留学制度に合格しましたので、修士課程に受け入れて頂けないでしょうか」

「修士号を持っているのであれば、博士課程に入ったらどうでしょう」

「数学力に自信がありませんので、まず修士課程に入って、基礎から勉強したいのです」

本人は謙遜したが、O君は中大出身の修士以上の数学力を持っていた。そして一年後に、「半正定値計画法」と「サポート・ベクター・マシーン理論」という二つの最新兵器を使って、企業の格付けに関する素晴らしい論文を書いた。

〝この論文は、一年後には間違いなく一流ジャーナルに掲載されるはずだ。半年後には、次の論文も完成するだろう。もし初めから博士課程に入っていれば、三年以内に博士号が取れたはずだ。しかし、一年後に定年を迎える今となっては、O君を博士課程に受け入れる資格がない〟。

私は同僚のE教授に後事を託して中大を去った。ところがO君はその後まもなく、家業である呉服店を継ぐため銀行を退職して、故郷に帰ったという。博士号を持っていても、呉服店経営の足しにはならなかっただろうが、残念なことをしたものである。

妻が要介護度四の認定を受けて間もない二〇〇七年の夏、私は後楽園キャンパスから二キロのところにある介護施設に入居して、介護士と協力しながら、妻の介護に当たった。この結果、私は年に二〇〇〇時間しか働かなくなった。

これでも、企業に勤めるビジネスマンより若干多い。しかし、研究者としては怠け者の部類に入る。このあとも学生諸君と論文を書き、専門ジャーナルに投稿したが、そのほとんどは過去の研究の焼き直しに過ぎなかった。

ここに決定的な事件が起こる。二〇〇七年のクリスマスに、大腸憩室による大出血を起こしたのである。医師によれば、もう一回（二〇〇cc）出血していれば、ショック死していた可能性もあったという。

大量輸血のおかげで、呼吸困難はおさまったが、出血はなかなか止まらなかった。このまま止まらなければ、開腹手術を受けなくてはならない。六七年に及ぶ人生で、入院したことも手術を受けたこともなかった私は、死の恐怖に怯えた。

出血が止まったのは、入院してから一週間後だった。それまで点滴で栄養補給を受けていた私は、水が飲めるようになって、どうにか生き延びることができたという実感を持った。その一方で、自分の寿命は長くはないということを、はっきり意識するようになったのである。

〝生きているうちに、やるべきことはすべてやり終えよう。まずは最後まで妻の介護をやり遂げること。研究・教育はもう十分やった。これまでやれなかったこと、そして自分でなければやれないことはあるだろうか〟。

こう思った瞬間、答えは出ていた。世の中で理解されることが少ない、エンジニアという生き物について書くことである。

私の世代の若者が大学に入るころ、世の中はスプートニク・ショック後の理工系ブームに沸いていた。英語や歴史が好きでも、数学が嫌いでない人は、こぞって理工系大学の門をくぐった。

そして工学部に進んだ人の大半は、企業に就職して、製造業大国を作り上げた。ところが彼らは、自らの貢献に対する十分な対価を受けることなく、年金生活に入った。メーカーに勤めた友人は、元銀行マンに比べて自分の年金が余りにも少ないことを嘆いていた。

現役時代の彼らは、家族のため、会社のため、そして国のために働いた。彼らは黙々と働く働き蜂だった。〝高給とクリーンなオフィス〟の銀行マンに比べて、〝きつく、きたなく、苦しい〟3K企業に勤める自分たちの報酬が少ないことを知っていても、エンジニアの待遇を改善すべきだ、と叫ぶ人はいなかった。

数理計画法や金融工学の研究者である私は、土木・機械・電機・化学グループからは、本物のエンジニアだとはみられていない。私自身も、自分は〝疑似エンジニア〟だと思っている。疑似エンジニアは、純正エンジニアを歯がゆく思って暮らしてきた。なぜ彼らは言うべきことを言わないのか、と。

しかし、長い間彼らと付き合った私は、彼らは社会に対して発信したいと思っていないこと、発信しようと思っても、その場所が用意されていないことに気が付いた。ついでに言えば、エンジニアには発信するための言葉やレトリックがないのである。

しかし、あれほど優秀だった人が、このまま何も言わずに、歴史の闇に埋もれていくのはあまりにも惜しい。

こう考えた私は、世間に向かって、世界最強の製造業を作り上げたエンジニアたちについて語る、〝工学部の語り部〟になろうと決心したのである。

書きたいこと、書くべきことは山ほどあった。善は急げ。少しずつ病状が改善する中、私は約一週間で、後に『理工系離れが経済力を奪う』（日経プレミア、二〇一〇）として出版される本の三分の一に相当する原稿を書きあげた。

しかし退院したあと、執筆は順調には進まなかった。新しい研究には手を付けないことにしていたが、それまでの研究にけりをつける必要があったし、依然として多くの学生を抱えていたから、教育に時間を取られたのである。

また知財戦略本部長として、あちこちで開かれる会合に出席したり、大学院で知財問題に関する特別講義を開設する必要もあった。

大域的最適化や金融工学の研究に取り組み始めた時、眼の前には誰も手をつけていない鉱脈が広がっていた。私はそれらの鉱脈から、大きな宝石を掘り出すことに成功した。掘り出したあとにも、数々な宝石が埋まっていた。

ところが今や、地中深くまで掘り進まないと、宝石はみつからなくなった。掘削技術はますます高度化し、使いこなすのが難しくなった。

研究競争はマラソンのようなもので、ひとたびトップ集団に置いていかれると、追い付くのは難しい。若ければ、競争相手が少ない新分野に転進するという手がある。実際に私は過去に何度か、そうやって活路を見出してきたのである。

世界の研究競争はますます過熱し、新しい理論や方法が続々出現した。しかし気力・体力が失われた老人は、そこに参入して若者と戦う力はない。

体力が落ちたため、講義をするのも辛くなった。学生たちもそれに気付いただろう。中大に赴任したときは、私が書いた教科書はまだ古くなっていなかった。ところが八年を経た今、これらの教科書は、時代にマッチしなくなった。

アメリカの大学で使われている優れた教科書は、時代の変化に合わせて増補・改訂を施し、定番教科書の地位を固めていく。ルーエンバーガーの『金融工学入門』も、二〇一四年に増補・改訂版が出た。

もし私も改訂作業に時間を割いていれば、これまで書いた七冊の教科書のうちの三冊は、今なお使用に耐えただろう。しかし、私は論文を書くことに忙殺され、改訂作業を怠った。後輩の協力を得て改訂したものもあるが、ほとんどは間もなく絶版になる運命である。

12　中大教授の楽しみ

中大が箱根駅伝の名門校であることは、学生時代から知っていた。私が大学に入った一九五九年から一九六四年まで、中大は六連覇を達成している。しかしこの当時、駅伝に関心がなかった私は、〝正月から雪の中を走るなんて、もの好きな奴らもいるもんだ〟と思っていた。テレビ中継が行われなかったこの時代、箱根駅伝はマイナー・スポーツだった。

私がカレッジ・スポーツに熱中したのは、岡村甫投手を擁する東大野球部が、東京六大学野球で明治や立教を破ったときと、留学時代にスタンフォード大学が、それまで一度も勝てなかった南カリフォルニア大学を破って、パシフィック・エイト・リーグで優勝し、ローズ・ボウルに出場したときくらいである。

七〇年代に勤めていた筑波大学には、オリンピックに出場した体操選手や柔道選手がいた。しかしこのころの私は、学内政治のごたごたに巻き込まれて、スポーツに関心を持つ余裕はなかった。

東工大に移ってからは、スポーツへの関心は一層薄らいだ。野球部、サッカー部、バレーボール部などは、あることはあったが、関東大学リーグの二部、三部で低迷していた。キャンパスで話題にのぼるのは、東大や一橋大といい勝負だと言われているボート部くらいだった。

ところが中大に勤めることが決まってから、私は突如箱根駅伝ファンになった。二〇〇一年の正月に三位に食い込んだ中大は、往路五時間、復路五時間ずっとテレビに登場しっぱなしだった。プロ野球の赤ヘル軍団・広島のロゴとそっくりの、赤いCマークを胸に付けて力走する選手に私はしびれた。〝いい大学に勤めることになったもんだ〟。

その後、二〇〇二年から二〇〇五年までの成績は、四位、五位、七位、四位だった。優勝する見込みはなかったが、四位、五位のチームはトップ集団もしくは第二集団に入っているから、二日間テレビにくぎ付けになった。

ところがこの後四年間は、八位、八位、七位、一〇位と低迷が続いた。このあたりになると、テレビに映る時間はぐっと減る。しかし、シード落ちの心配があるので、ひやひやしながら応援を続けた。一四回の優勝を誇る中大は、これまで一度もシード落ちしたことはない。

一一位以下の大学は、翌年は予選会からのスタートである。辛うじてシード権を守ったものの、過去の栄光を知る中大OBの事務職員は、「このところ七位、八位ばかりで情けない」と嘆いていた。

この後は少々持ち直し、二〇一〇年は四位、一一年は六位だった。しかし、妻の病状が悪化したので、この二年間は駅伝を見ている余裕はなかった。

学内では毎年秋口になると、駅伝に出場する選手の、写真入りの名簿が配布される。私の研究室に所属するS君は、祖母が小田原中継所付近でかまぼこ屋を営んでいるので、毎年新年の挨拶がてら、かまぼこやで一泊して往路・復路ともに、Cマーク入りの小旗を振って応援するという。

私も二〇〇二年の正月二日には、スタート地点である大手町の読売新聞本社まで足を運んだ。優勝の見込みがあれば、翌日ゴール地点でお迎えするつもりだったが、駒沢大学に大きく引き離されたので、行く気が失せた。

二〇〇一年から一一年までの優勝校を見ると、駒沢大が六回、東洋大が二回、順天堂大が二回、亜細亜大が一回となっている。駒沢大はともかく、特筆すべきは東洋大の躍進である。

私が学生だったころ、東洋大は文京区の住宅地にある、こじんまりした大学だった。ところが、キャンパスに隣接する相撲部屋が廃業した機会に、その跡地を買い取って一六階建てのモダンな校舎を建設し、埼玉県にあったキャンパスの一部をここに移転させた。人気が上昇したのはこのころからである。

〝山の神〟こと柏原竜二選手を擁する東洋大は、二〇〇八年と〇九年に箱根駅伝で連覇を果たした。また野球でも、二〇〇七年から二〇〇九年にかけて、東都大学リーグで五連覇を果たしている。駅伝と野球の相乗作用で、東洋大の人気はますます高まった。

私は二〇〇七年から三年余り、妻とともに東洋大の真向かいにある介護施設に住んでいたので、白山通りを北に向かってキャンパスまで続く優勝パレードに、何回も付き合わされた。そしてそのたびに、東洋大に勤める友人のどや顔を思い出した。

一方、長い間低迷を続けた中大野球部は、二〇〇四年秋に東都大学リーグで優勝を果たした。この時は、事務職員とともに水道橋の飲み屋で祝杯をあげたが、翌〇五年には二部降格の憂き目にあっている（二〇一一年には再び優勝したが、退職したあとだったので、乾杯する機会はなかった）。

都心の一等地にある東洋大。新宿から一時間以上かかる多摩の中央大。地方から上京した（文系の）受験生が、中大と東洋大のどちらに入りたいかと尋ねられれば、大半の学生は東洋大を選ぶだろう。

時折私は介護施設を抜け出し、非常勤講師を装って、東洋大のフードコート形式の大食堂で晩飯を食べた。中大理工学部の食堂は、一〇〇人程度の席しかないのに対して、東洋大は四倍以上あって、メニューも豊富だった。

憂さ晴らしをするために、理工学部キャンパスと眼と鼻の先にある後楽園ドームで、中大O

Ｂの阿部慎之助選手がホームランを打つ姿を見たいと思ったが、巨人戦のチケットはいつも完売だった。

　東京ドームは野球だけでなく、日本武道館と並ぶ、東京のミュージック・シーンの中心地である。ここでは、マライア・キャリー、セリーヌ・ディオン、ローリング・ストーンズ、ドリカム、サザンオールスターズ、ＳＭＡＰなどのコンサートが頻繁に開かれていた。

　人気アーティストのコンサートが開かれる日の夕刻に、ドームの横を通って水道橋の駅に出ようとすると、駅の方からやってくる若者の波に押し戻されてしまう。こういうときは、無駄な抵抗はやめて春日通りに引き返し、錦糸町行きのバスで帰った。

　また夕方遅く研究室で仕事をしていると、ドームから低音振動が伝わってくることもあった。近くに住んでいるのだから、たまには行ってみたいと思ったが、切符を手に入れるのは至難の技だし、三倍のプレミアムを払って行ったところで、若者たちに変な老人扱いされるのがおちだろう。

　元気だったころの妻は、東京ドームで開かれる、世界らん展やキルト展を楽しんでいた。いつか私も行ってみたいと思いながら、ついに一度もその機会はなかった。

　マンハッタンにオフィスがあるのに、ブロードウェイ・ミュージカルにもメトロポリタン・オペラハウスにも行ったことがない日本のビジネスマン同様、私は仕事、仕事の毎日を過ごしていたのである。

話は変わるが、中大に赴任したあと二〜三年、理工学部の入試は、多摩キャンパスで実施されていた。入試は大学コミュニティにおける最大の行事である。したがって、入試担当の教員や事務職員は、何があっても時間通りに試験会場に駆けつけなくてはならない。

多摩キャンパスは、中央線の立川駅から多摩モノレールで四つ目の「中央大学・明星大学」駅の改札を出てすぐのところにある。錦糸町の自宅から（事故がなければ）、一時間半程度で行くことができる。二〇〇二年当時の多摩キャンパスは、（つくばエクスプレスが開通する前の）筑波大学よりは行きやすいところだった。

しかし、二〇〇〇年にモノレールが開通するまでは、新宿から京王線で高幡不動駅まで行き、そこから京王動物園線に乗り換え、多摩動物園駅で降りて、約一〇分歩かなければならない。自宅からだと、二時間半くらいかかっただろう。

数年前までは理工学部の学生も、一年生のときには多摩キャンパスで授業を受けていた。大学が文部省に届け出た書類には、後楽園キャンパスから多摩キャンパスまで、五九分で行けると書いてあるそうだが、これは乗り継ぎ時間や、待ち合わせ時間を無視した数字である。

モノレール駅の正面に広がる一六万坪の敷地には、真っ白な建物が整然と立ち並んでいた。試験監督者の集合場所になっている、「ヒルトップ・スクウェア」という四階建てのビルは、建物全体が食堂になっていて、三五〇〇人分の座席があるという。

　センター試験が行われるのは一月半ば、理工学部の試験が行われるのは二月の初めである。都心と違って、多摩地区にはしばしば雪が降る。電車が動かないこともある。そこでかなりの数の職員が、大学がリザーブした高幡不動のホテルで一夜を過ごす。

　雪が降っても積もらなければ万歳、積もったら大惨事である。一六万坪もあるだだっ広いキャンパスの中央に位置する、ヒルトップ・スクウェアにたどりつくまでに、一〇分は見ておかなければならない。かような次第で、ホテルを予約しなかった私は、毎年始発電車に乗って日帰り遠足に出かけた。

　幸い大雪に見舞われることはなかったが、ひやひやものだった。理工学部には、〝多摩の教員はたまにしか大学に来ない〟というジョークがあるが、都心に住んでいる法学部や商学部の売れっ子教授は、天気が悪い日には講義をさぼりたくなるだろう。

13　二度目の定年

二〇〇九年三月に知財戦略本部長を退任したとき、二度目の定年は二年先に迫っていた。一〇年前の私は、〝二〇〇一年無職の旅〟に出ることを恐れていた。その時は漠然たる恐れに過ぎなかったが、もし再就職先がみつからなかったら、今頃は確実に破産していたはずだ。

二〇〇七年に夫婦そろって介護施設に入居してから、一月当たりの経費は六五万円、一年で七八〇万円である。これにさまざまな経費を加えると、大学から貰っている月給とボーナスのすべてが出て行く。中大に勤めていなければ、一年あたり六〇〇万円の赤字である。

東工大の定年が五年間延長されることを知ったとき、私は〝もう五年あれば、「理財工学研究センター」を、世界のセンター・オブ・エクサレンスに育て上げることができただろう〟と思った。ところがその後の展開を見ると、その考えは間違っていたようだ。

一つ目の理由は、二〇〇四年に、〝国立大学の独立法人化〟が実施されたことである。

一九九〇年代末から一部で囁かれていたこの構想は、イギリスのサッチャー政権が実施した、行政機関の「エージェンシー化」をモデルにしたものである。これは、郵便局や警察などを公務員組織から独立させたうえで、短期・中期の目標を設定させて、業務の効率化を図ろうというもので、イギリスでは一定の成果を上げたと言われている。

しかし、研究・教育機関の場合、短期・中期の目標を設定して、目標の達成度でパフォーマンスを評価するエージェンシー化には、デメリットが多すぎる。これが大学関係者の共通の考えだった。ところが、小泉内閣の行革・公務員削減路線のもとで、この法案があっという間に成立してしまったのである。

国立大学を独立法人に改組する際には、膨大な事務作業が発生する。東工大のシニア教授の多くは、毎年一%ずつ給与を減らされた上に、書類作りに忙殺され、二年近く研究をやっている時間がとれなかったという。あのとき定年が延長されていれば、私は雑用まみれの生活で疲労困憊したあと、〝二〇〇六年無職の旅〟に出ていたのだ。

給料を減らされることもなく、七〇歳までそれまでと同じペースで研究を続けることができた私は、自分の幸運に感謝するとともに、東工大の雑用まみれの後輩たちに同情した。

二つ目の理由は、「理財工学センター」が、独立法人化のどさくさの中で、呆気なく廃止されたことである。もし私がセンター長を務めていれば、それを防ぐことが出来たかもしれない。

なぜなら、二〇〇二年に実施されたセンターの外部評価では、トリプルAの評価を頂いたし、敵が多かった代わりに、私には有力な応援者もいたからである。

独立法人化のような大嵐の中では、スタッフが四人程度の小さな組織は草刈り場になる。「理財工学研究センター」のスタッフ四人は、新設された大学院「イノベーション・マネージメント研究科」に移籍して、細々と研究を続けることになった。

苦労の末に設立した研究センターが、わずか五年で廃止される現場に立ち会っていたら、六四歳の老人は、定年を待たずに東工大をやめていたかもしれない。

三つ目の理由は、定年が五年延長されたおかげで、六五歳で東工大を退職する教授の再就職先が大幅に減ったことである。

傑出した研究業績、もしくは行政手腕がある大物教授には、それまでと同様あちこちから声が掛かる。しかし、かつてはA級教授の再就職先だった七〇歳定年の私立大学は、彼らを迎えてくれなくなった。

東京芸大を除くすべての国立大学は、六五歳定年で横並びになったから、呼んでもらえない（東大はOBたちの反対を押し切って、東工大の定年が延長されたあと間もなく、定年を六五歳に変更した）。

七〇歳定年の大学では、五年でやめる人は戦力にならない。最初の一年程度は雑用を頼めないし、三年目からは博士課程の学生を採用できなくなる。そして四年目には、修士の学生も採用できなくなるからである。

五年の任期とは言うものの、実際に働いてもらえるのは、三年程度に過ぎない。教授人事を発議してから教授会の承認を受けるまでには、最低でも一年くらいかかるから、呼ぶなら若い人をと思うのが人情である。

このため、私の知り合いの六人の東工大教授は、素晴らしい研究業績を上げたにも拘わらず、一人を除いて定年退職後は再就職せずに、悠々自適の身になった。生活には困らない人たちだが、独立法人化の過程でエネルギーを吸い取られて、再就職する気をなくした可能性もある。

各大学は二一世紀に入ってから、特任教授、栄誉教授、客員教授、特任研究員などのポストを用意して、有力研究者、有名ジャーナリスト、高級役人などを迎え入れている。ただし、その雇用条件は千差万別で、常勤教授以上の給料を貰っている人がいる一方で、名前だけの人もいる。経済評論家やジャーナリストの中には、給料は無くてもいいから教授の肩書が欲しい、という人が大勢いるらしい。

なお中大の場合、特任教授にしてもらうためには、外部機関（企業や政府）から一〇〇〇万円以上の資金を提供してもらうことが条件になっている。しかし、これだけのおカネを出す企業は限られる。某鉄鋼メーカーでは、社長がＯＫを出しても、投資に見合う確実なリターンが期待できなければ、（外国人取締役が多い）取締役会を通すのは難しいということだ。

一方、政府機関（経産省や総務省）に太いパイプを持つ人は、一〇〇〇万円くらいどうということはないらしいが、そのような人はほんの一握りである。

このような状況の中、東大工学部のある学科では、定年五年前の六〇歳を目途に、他大学に転出するよう奨励している。私の知り合いの有力教授二人は、六〇歳前後に早期退職して、私学に常勤教授として転出した。

中大で過ごした一〇年間、私は研究費に困ることはなかった。毎年三〜四〇〇万円の科研費、八〇万円の個人研究費、そして年間一〇〇万円程度の奨学寄付金を貰っていたし、二〇〇九年に申請した三年分の科研費九〇〇万円も、つつがなく認められた。この結果、退職後の一年間は、三〇〇万円の研究費が確保されることになった。

退職したあとも、いくつかやらなければならない仕事が残る。学会関係の仕事、審査中の論文の改訂作業、専門ジャーナルの編集作業、などなど。公的な仕事で、出張しなくてはならないこともある。このようなことを考えれば、若干のお金が必要であるが、一年間に限りその心配をしなくてもよくなったのである。

最終年度は、科研費の半分を共同研究者であるG助教授に使って貰うことにした。残りの一五〇万円プラス個人研究費八〇万円は、秘書のアルバイト謝金（約一〇〇万円）、学生の研究発表旅費（約五〇万円）、ソフトウェアのメンテナンス費用（三〇万円）、書籍・雑誌代（二〇万）、文房具などに充てた。

中大に赴任した当時は、年に二～三回海外出張していたので、更に五～六〇万円のお金が必要だった。しかし、要介護度四の妻を残して外国に出かけるのは気が進まないし、ダンツィク教授が亡くなり、多くの友人・先輩が現役を退いたあとは、会いたいと思う人が少なくなったので、二〇〇五年を最後に海外出張は見合わせた。

東工大を退職したとき、使い切れなかった一九〇〇万円の奨学寄付金を、後輩と事務局に譲らざるをえなかったこと、中大に移籍したあとは、残さずに使いきろうと思ったことはすでに書いた。

中大に移ったあとも、毎年一〇〇万円程度の寄付を頂戴したので、二〇一〇年初めの残高は三五〇〇万円を超えた。このお金を使い切るには、どうすればいいか。

一〇年前に『金融工学入門』を出すときに、個人研究費もしくは奨学寄付金を使って何冊か買い上げ、卒研学生や大学院生に無償で配布しようと考えた。

出版社と交渉して、四八〇〇円という定価を設定してもらったが、親からの仕送りが少ない学生にとって、この出費は痛い。そこで私は経理担当者とかけあった。

「今度出す教科書を個人研究費で買い上げ、卒研の学生に配りたいのですが、どうでしょうか」

「それはダメです」

「奨学寄付金ならOKでしょうか」

「購入することはできますが、学生に無償配布することは、文科省から禁止されています。教科書だけではありません。厳密に言えば、教室でプリントを無償配布することも通達違反です」

講義の際にプリントを配布するのは、どこの大学でも日常的に行われていることだが、これは違法行為なのだそうです（後輩のみなさま。週刊誌にすっぱ抜かれると大変なことになりますから、気をつけましょう）。

国立大学には、規則上やってはいけないことでも、誰でもやっていることが沢山ある。研究室内に私物を置いてはいけないこと、大学構内で寝泊まりしてはいけないこと、研究室内で電子レンジや電動シェーバーを使用すること（これは盗電行為に当たる）、など。

「学生ではなく、各地の大学に勤める研究仲間に、日頃の協力に感謝するために贈る、という名目であれば購入できますか」

「それなら可能ですが、部数は三〇部までにして下さい。その場合も、購入部数については、印税支払いの対象外であるということを、出版契約書に明記して頂く必要があります。印税が支払われると、それは先生の所得になりますから。それに、いくら買ってもかまわないということになりますと、全部購入してブックオフに売るという手もありますからね」

「なるほど、なるほど」

かくして、学生に教科書を無償配布する計画は頓挫した。奨学寄付金は、教員の研究・教育目的にかなうことであれば、何に使ってもかまわないことになっているおカネである。ところが、研究に協力してもらう大学院生であっても、教科書を無償で配布することはできないのである。

この結果、過去一〇年間に頂戴した奨学寄付金の残高は、三五〇万円まで積み上がった。〝今回も後輩や事務局に差し上げることになるのだろうか〟。

最後の一年がスタートするにあたって、私は過去三七年間一度も達成できなかった、〝休講ゼロ回〟という目標を立てた。

中大に赴任してからも、病気や出張のため、毎年二〜三回は休講した。学期末の補講期間に埋め合わせしようと思っても、日程や教室の関係で一回やるのが精一杯である。最後の一年は、国内国外を含めて出張はしないことに決めたので、病気さえしなければ、この目的を達成できる可能性は十分にあった。

三年ほど前から文科省の指示で、国立大も私立大も、前期・後期それぞれ一五回の講義を実施することになった。それまでもこの規定はあったのだが、どの大学も一学期一三週間でごまかしてきた。長い間それを黙認してきた文科省は、ある日突然〝グローバル・スタンダードに合わせて、年間三〇週の講義を実施せよ〟という通達を出したのである。

通達を守らなければ、大学の設置認可が取り消されるかもしれない。少なくとも補助金を減らされるのは必至である。

この結果、前期の試験が終わるのは八月の第一週、答案やレポートの採点が終わるのは、お盆直前である。私立大学では、国立大学より三週間ほど早く入試が行われるから、秋学期は九月早々に始まる。したがって、かつては七週間あった夏休みは、四週間に減った。この期間もオープンキャンパスや、学生の会社見学会などがある。

工学部教授にとって、夏休みは書き入れ時である。彼らの多くは休み中も出勤して、学期中には手が回らなかった〝研究〟をやっている。夏休みが減れば、工学部教授の生産性はそれに比例して減る。二〇〇五年以降、日本人研究者の発表論文数がコンスタントに減っているのは、これが原因かもしれない。

勤勉な工学部教授は、年間二〇コマの講義増にきちんと対応している。一方、毎学期一三回の講義をやるべきところ、三回以上休講していた文学部唯野教授や経済学部教授は、どうしているだろうか。

ある売れっ子エコノミストが、「毎学期一三回も教える材料がない」と言っているのを耳にして、私はエンジニアをけむに巻くレトリックだと思っていた。ところが週刊『東洋経済』誌の、〝社会に出てから必要な経済知識三〇〟という特集記事を見ると、その九割は私でも知っているものだった。三〇の知識で世の中を渡っていけるのであれば、講義は毎学期五回もやれば十分かもしれない。

一五回の講義を行う上で厄介なのは、二一世紀に入ってから、ハッピー・マンデー制度が導入されたため、国民の祝日のいくつかが、月曜に移されたことである。カレンダー通りにやると、月曜にあたった講義は、一二〜三回しか実施できない。

そこではじめのうちは、月曜日の講義を別の曜日に移し替えて、曜日ごとの凸凹をなくす措置が取られた。ところが、講義の曜日が変わるのは、外部の研究機関に勤めている非常勤講師にとって、とても都合が悪いものだった。

文系学部では、就職先がない博士課程修了者（オーバードクター）を非常勤講師として雇用しているところも多いようだが、理工系大学の場合は定職を持っている人、そして一定の研究業績を持つ人にお願いするのがふつうである。

「中大では今度の水曜日には月曜の授業をやります」と言われても、勤め先の大学では水曜日に講義があるかもしれない。自分の大学の講義を休講にして、他大学で講義をやると利益相反規定に抵触する。

そこで二〇〇九年度から、（五月の連休などを除く）いくつかの国民の祝日を無視して、曜日通りに講義を実施することになった。アメリカの大学では、昔々から採用されていたスキームである。「学期中は月曜から金曜までしっかり勉強しなさい。その代わりに三か月の夏季休暇を差し上げましょう」という制度である（これは学生にとっても、都合がいいものだった）。

さて、二〇一〇年の敬老の日は、九月二〇日の月曜日だったが、普段通り月曜の講義が行われることになっていた。そこで私は、前の週の講義が終わるときに、ジョークを飛ばした。

「来週の月曜日は敬老の日ですが、講義をやることになっています。しかし古希を過ぎた老人が、敬老の日に講義をやるのはどういうものでしょうね」

このとき教室から、「そうだ、そうだ。来週は休みだ」という合唱が湧きあがった。学生たちは、休講が多い教員を批判するようになったが、たまに休講があると嬉しいのだ。その希望を叶えてあげても罰は当たらないだろうと考えた私は、「老人に対する皆さんの温かい思いやりに答えて、来週は休講にします」と宣言した。

喜ばせておいて補講をやったら、学生は失望する。かくして休講ゼロ計画は破たんした。しかし、年間一五〇回中一四九回の講義をやったのだから、工学的に見れば成功したと言ってもいいのではないだろうか。

一〇月半ばになって、事務局から衝撃的な電話が掛かってきた。

「科研費の件ですが、来年度の申請は取り下げることになりました」

「どういうことですか」

「定年退職された方は、研究代表者になれないことが決まったのです」

「文科省の通達ですか」

「これは中大の方針です」

「困りましたね。それでは、G先生に研究代表者を替わって頂くことにします」

「文科省の方針で、代表者の交代は認められません」

既に書いたとおり、退職後一年間は、三〇〇万円の科研費が交付されることになっていた。その半分は研究協力者であるG助教授に使って貰い、残りの一五〇万円はさまざまな残務処理に充てるつもりだった。

研究室は無い、学生はいない、秘書はいない、コピー機もない。ないないづくしの私にとって、一五〇万円は貴重な資金だった。もしここで経理課と交渉していれば、科研費は支給されていたかもしれない。後になって分かったことだが、ある私立大学には、定年後も代表者を務めている人が居たからである。

しかし私は思った。〝これは、「独創性が枯れたお前には、研究を続ける資格がない」という天の声だ〟と。そして決心した。〝この際研究から手を引き、工学部の語り部に徹することにしよう〟と。

研究をスローダウンさせたせいで、語り部の仕事は順調にはかどった。二〇〇九年から一〇年にかけて、私は三冊の本を出版した。特に東工大時代の同僚である故・白川教授に対する鎮魂歌『東工大モーレツ天才助教授』（新潮社、二〇〇九）は、（東工大生協では）村上春樹氏の『1Q84』を上回る売り上げを示した。〝これから先、書くことがなくなるまで、少なくとも一〇冊の本を書こう〟。

一月に入ると、〝死んではいけない〟三か月が始まるので、一〇月末から退職準備に取り掛かった。一回目の定年の時には、廃棄すべきか否か判断に迷うものは、すべて中大に運び込んだ。ところが、今回運び出す先は、六五平米のマンションである。

時代遅れになった書籍は、捨てるにしくはなし。しかし半分以上は、大学から支給された個人研究費で購入したものである。これらの書籍は、図書館に登録されている。事務局に相談すると、二つの手があるという。一つは図書館に返却すること、もう一つは私がすべてを借り出すことである。

〝借り出したものは、いずれ返却しなければならないが、それも面倒だなあ〟と思って図書館に問い合わせると、返却されても置場がないという。〝なるほど。捨ててもかまわないということだ〟。

図書を購入するたびに提出した書類は、事務局に保管されていたが、何のためにそのようなことをやっていたのか。ある教授は、「税務署対策のためです」と言っていたが、どういうことだろうか。

私は不要な図書を学生室の一角に集め、学生たちに、「ほしいものがあったら持って行け」と宣言し、残ったもの（五〇〇冊以上）をすべて廃棄した。

本に比べて書類の整理には手間が掛った。畏友・野口悠紀雄教授が、ベストセラー『「超」整理法』（中公新書、一九九三）で提唱した「超」整理封筒で書類を管理していたのだが、一〇年間にたまった封筒は、なんと六〇〇個。

時間順に並んでいるから、探すときは簡単だったが、捨てるのはそれほど楽ではなかった。神棚に収めた古いファイルでも、いつか必要になるかもしれない。実際、東工大から移籍する際に捨てなかった三〇年前の資料が、〝工学部の語り部〟業務に役に立ったこともある。整理できずにいるうちに、ずるずると時間が経過した。

東日本大震災が発生する暫く前に、定年退職者のために講習会が開かれた。ちなみに、東工大をやめるときには、このような講習会はなかった（開かれたのにさぼった可能性はあるが）。

一ダースほどの退職者を前に、定年後の年金、健康保険、健康・生活管理などに関する懇切なレクチャーのあと、一年前に退職した竹山教授から聞いていた、メインイベント。

「これから大事なお話をいたしますので、注意して聞いてください。退職後一カ月以内に、最寄りのハローワークに行ってください。その際には、大学が発行する〝解雇証明書〟をお忘れなきよう。手続きを行うと、三〇万円の失業手当が支払われます」

〝ハローワーク?〟、〝解雇証明書??〟、〝失業手当???〟。この時初めて知った。定年退職とは、勤務先による〝強制解雇〟であるということを。

かねて私は、世間で〝定年する〟という表現が使われていることに違和感を覚えていたが、やはり〝定年〟はするものではなく、させられるものなのである。皆さん、これからは〝定年する〟という間違った言葉は使わないようにしてくださいね。

もう一つ驚いたのは、古希を過ぎた老人でも、〝これから職探しをするつもりです〟という書類にサインすれば、一回に限り三〇万円の失業手当が貰えることである（職探しをする気がない老人が、この書類にサインするのはうしろめたい）。

最後は、永年勤続者を慰労するための記念品の選定。東工大では、（使い道がない）銀の杯を頂戴したが、今回は、電動マッサージ機、大型液晶テレビなど、一ダースの商品から気に入ったものを選べることになっていた。

そこで私は、かねてほしいと思っていた、シャープ亀山工場製の五〇インチ液晶テレビを選択した。ひところに比べて、ずいぶん値下がりしたとは言うものの、三〇万円はする高級品である。

これだけではない。一〇年間勤めたことに対して、約一〇〇〇万円の退職金と、私学共済年金とは別に、大学のファンドの中から、一五年間に限り年間五〇万円ほどの年金が出るという。一六年目から先は必要ないでしょう、ということだろうが、一番お金が必要なのは、八六歳を超えてからかもしれない。それはともかく、中大は東工大と違って、従業員に思いやりがある組織であることに感謝した次第である。

14　元中大教授の焦燥

三月初めに、神田にある一橋大学の同窓会館「如水会館」で、ヒラノ教授の強制解雇を悼むパーティーが開かれた。

一橋大学は、東工大の「理財工学研究センター」を、「国際経営戦略研究科」に吸収合併しようと画策した、油断ならない人たちの集まりである。ビジネスマン教育を主たる任務とする彼らは、「理財工学研究センター」を併合することによって、研究機能を補強しようと考えたのである。

金融工学研究における、世界のセンター・オブ・エクサレンスを目指す東工大は、一橋の提案をお断りした。ところが、学生を人質に取らなかったのが仇になり、「理財工学研究センター」は国立大学独立法人化のあおりを受けて、五年後に廃止された。

一方の「国際経営戦略研究科」は、早稲田大学の「ファイナンス研究科」とともに、東京におけるファイナンス教育の拠点と位置付けられている。もしあの時合併案を呑んでいたら、一橋大に移籍したスタッフは、研究よりも教育中心の生活を送っていただろう。

それはともかく、退職記念パーティーには、東工大、中大時代に面倒を見た博士課程・修士課程の学生七〇人が集まってくれた。中には臨月の身で駆けつけてくれたスーパー・ビジネスウーマンや、逆アカハラを受けたY氏の顔も見えた。

会の終わりに挨拶を求められた私は、「これからは、工学部の語り部に徹しますので、本が出たら買ってください」とお願いして頭を下げた。エンジニアは、専門書と趣味の本以外は買わない人種であるが、ここで頭を下げておけば、二人に一人くらいは買ってくれると期待したのである。

パーティーのあとは、OR学会での〝さよなら講演〟、学科の送別会、親しくしてもらった教授諸氏との会食、本の箱詰め、「超」整理封筒の整理、そして三月二八日に設定した引っ越しだけである。

奨学寄付金を消化するために、パソコンとプリンターを買い替えて、自宅に借りだした。しかし、情報機器の値下がりは目覚ましく、四〇万円あれば十分だった。このほかプリンター用紙や外部メモリーを購入しても、一〇〇万円使うのがやっとだった。

〝今回も後輩に残して行くことになるのか〟と思っていたところ、退職後もこのお金を使うことができるという。科研費を取り上げられてがっくり来ていた私は、少しばかり元気を取り戻した。二〇〇万円あれば、五年分の消耗品代として十分である。嬉しいことに、工学部の語り部としての取材費にも使えるという。

三月一一日は、朝から自宅に持ち帰る図書の箱詰めをやっていた。ダンボールで約四〇個、合計五〇〇冊の本を詰め終わって、あとは「超」整理封筒の整理というところに襲ってきたのが、東日本大震災である。〝とうとう来たか!!〟。

私は五〜六年前に、自宅から五分のところに作られた「隅田防災会館」で、震度六の体験コースに参加した。その時は、この程度なら何とかなるだろうと思ったが、築二三年のビル一〇階の揺れは、模擬地震とは似て非なるものだった。

片づけを中断して部屋から飛び出し、階段を駆け降りた（今と違って、このころはまだ足がもっれなかった）。春休み中であるにもかかわらず、ビルの外では、大勢の職員や学生が寒風の中で震えていた。

震源地が東北地方だということが分かったあと、よたよたと階段を登り研究室に戻ったところ、本棚から飛び出した「超」整理封筒が床に散乱していた。拾い集めて本棚に戻そうとしていたところに、再び激しい揺れ。

かねて建築に詳しい同僚が、「建築基準法が改正される前に建てられたビルは、一度であれば震度六に耐えられても、二度目はどうかわからない」と言っていたことを思い出し、慌ててコートを着てビルの外に脱出し、超満員のバスに乗って自宅に向かった。

翌朝はいつも通り朝四時に起きて、ノロノロ運転の電車で足立区東保木間の介護施設に妻を見舞った。怯えている妻を残して大学に出勤する気になれなかったので、夕方まで耐震構造の介護施設で過ごした。その後も余震が収まらないので、一週間以上大学に出勤する気になれなかった。

地震のおかげで、学科の送別会は中止、ＯＲ学会の講演会、親しい教授諸氏との会食は無期延期になった。

床に散乱した六〇〇個の「超」整理封筒は、箱に詰めるときに順序がバラバラになってしまった。超整理封筒は、〝時間順に並んでいること〟が命であるが、そんなことを気にしている余裕はなかった。

引っ越し日の三月二八日には、余震はおさまっていた。すべての荷物を運び出したあとの部屋は、意外に広かった。東工大のオフィスに比べて、三分の二しかないとは言うものの、都心でこれだけのオフィスを借りるためには、月々一五万円はかかる。

オフィスだけではない。コピーは取り放題だったし、学科の事務職員や技術員、そして二六年にわたって支えてくれたミセスＫがいた。明日からは、これらのすべてが失われるのだ。

失われたのはそれだけではなかった。私の最も貴重な資産である妻が、定年退職後三日目に世を去った。研究、教育がなくなっても、介護という大仕事が残るはずだったが、それまでも失われたのである。

一〇年の間にすっかり中大マンになった元・中大教授は、正月二日の朝八時になると、四チャンネルにリモコンを合わせた。ところが、二年目の二〇一三年に悲劇が起こった。第八区で、キャプテンを務める選手がリタイアしてしまったのである。朝から体調が悪かった選手が、監督にその旨を伝えずに出場したために起こった事件である。中大駅伝部の歴史初まって以来の、シード校落ちである。元・中大教授でもショックを受けたくらいだから、現役事務職員や、この年も小田原中継所で旗を振ったS君の落胆はいかばかりだっただろうか。

選手の体調を確認せずに走らせた監督の責任は重い。しかし、このようなことは、遅かれ早かれ起こっていただろう。その前数年間も、ぎりぎりでシード落ちを免れていたからである。

そして、そして。二〇一六年の正月に再びシード落ちした中大は、秋の予選会で一一位になり、翌年の出場権を失ってしまった。実に八七年ぶりのことだという。

凋落の原因は、山梨学院大学、中央学院大学、上武大学などの新興大学が、駅伝人気を挺子にして、知名度を高めようとしたことと、都心回帰した大学に優秀な選手が集まったことである。

駅伝だけではない。二〇〇一年には、MARCHグループの中核を占めていた中大は、その後一五年の間に、都心キャンパスを整備し、革新的入学試験手法を編み出した明治大に、受験偏差値で大きく差をつけられ、日・東・駒・専（日本、東洋、駒沢、専修）グループに肉薄されているという。

この本の冒頭で、〝自分の在任中に、中大の経営システム工学科が、理科大の経営工学科と遜色がない学科になってほしい〟と書いた。ところが、葛飾区金町に新キャンパスを作った理科大との差は、一層広がってしまった。

二〇一四年にもう一つの衝撃的な事件が起こった。文科省が募集した、「スーパー・グローバル大学」三七校の選に洩れてしまったのである。

一〇年前に比べて、科研費獲得額が大幅に増えていることから見て、当選確実だと思っていたし、中大のライバルである、明治、立教、法政のMARCH三校と、東洋、上智が選ばれただけに、ショックは大きかった。

元・中大教授は、駅伝とは比べ物にならないほどの屈辱感を味わった。このコンテストは、事実上各大学の理工系部門の戦いだったからである。

振り返ってみれば、二一世紀に入ってからの中大が、理工系部門に対して行った投資はミニマムである。時代の流れに合わせて学科の改編が行われ、新たに導入された教育プログラムが、かなりの成果を上げているが、教員の数はほとんど増えていない。理工系教員の教育負担は、ますます増えているわけだ。

文系領域では、二一世紀に入ってから「会計研究科」、「法科大学院」、「ビジネス・スクール」などの専門職大学院が創設された。しかし、法科大学院以外はあまりうまく行っていないようである。

「会計大学院」は、間もなく廃止されることが決まったし、「ビジネス・スクール」は創設七年目に入っても、ビジネス・スクール・ランキングで、ベスト20に顔を出していない。設立時期がリーマン・ショックと重なった、という不運はあるとしても、先行グループを抜き去って、ベストファイブ入りするまでには、まだかなりの時間が掛かるだろう。

ジャーナリズムでは、昨今の中大の不調は、駿河台にあったすべての学部を、多摩に移転させたことが原因である、というのが定説になっている。

中大が多摩に移転したあと、多くの大学が、都下に新しいキャンパスを作った。しかしそれは、竹下内閣が都内二三区に新キャンパスを建設することを禁止したために、新分野に展開を図った大学が、郊外に新キャンパスを設立したからである。大学の主力をすべて都心から移転させたのは、中大と筑波大（東京教育大）だけである。

この件で思い出すのは、竹下内閣の閣議決定が下されたあと、東工大で大岡山キャンパスと長津田キャンパスを放棄して、富士山麓に広大なキャンパスを建設する案が検討された時のことである。

この〝迷案〟は、「富士山麓大学」には優秀な学生が集まらなくなる、という単純明快な理由で葬られたが、都心大学の人気が高まる中で、中大には優秀なアスリートが集まらなくなったのである。大学執行部はこのことに気付いていたはずだが、多摩移転が失敗だったと認めるわけにはいかない。

一方、かつての栄光を知るOBたちは、切歯扼腕していた。中大法学部出身のあるジャーナリストは、「中大の今後の発展のためには、都心に新キャンパスを作ることが絶対に必要だ。実は新宿にある私立大学が経営難で、身売りを考えているという情報が入ったので、学長に取り次いでくれないか」と私にもちかけた。

しかし私は、この話を聞かなかったことにした。弱小・理工学部のヒラ教授が、酒の上での話を学長に取り次ぐと、おかしな奴だと思われるからである。

ところがそれから一〇年を経た二〇一六年六月、中大理事長が記者会見の席で、多摩キャンパスにある法学部を、都心に移転する計画を発表した（いずれ商学部と経済学部も移転させるという噂もある）。

駿河台には白門会館という小さな建物が残っているが、新キャンパスを作るほどのスペースはない。学内では、後楽園キャンパスを高層化して、そこに収容するという案が最も現実味があると考えられているようだ。

しかし、七〇〇〇坪しかない土地に、容積制限を超えない範囲で、法学部を収容するビルを建設することは可能だろうか。もし可能だとしても、理科大の神楽坂キャンパスのような、ぎゅうぎゅう詰め空間になってしまうだろう。

法学部だけであれば、何とかなるかもしれない。しかし、後楽園キャンパスに経済学部、商学部を収容することは絶対に不可能である。理工学部関係者の中には、文系主導の大学執行部が、理工学部を多摩に下放するのではないか、と疑っている人もいる。

そのような姑息な策を弄するよりは、これから先一〇〇年を考えて、都心に近いところに、新しいキャンパスを設立するのが賢明ではなかろうか。

新宿の私立大学はともかく、少子化の影響で経営難に陥っている私立大学はあちこちにある。二〇一五年には、私立大学の四三%が定員割れ状態である。これから先も、少子化が改善される見込みはないから、経営不振の大学を吸収・合併するという選択肢もある。

中大には一〇〇億円を超える余剰資金がある。しかし新キャンパス取得には、これだけでは不十分である。この際、大掛かりな募金活動を行って、（東京オリンピック後の都心の地価下落を狙った）大掛かりなプロジェクトをスタートさせてほしいものである。

中大は数年前まで、創立一二五周年を目指した募金活動を実施し、最終年度に当たる二〇一一年度には、約五億円のお金を集めた。しかし、これは早稲田大学の一〇分の一、慶応大学の二〇分の一以下である。

私学関係者は、一年間で一〇〇億円を集めた慶応大学に目をむいた。しかし、それでもアメリカの大学の一〇分の一に過ぎない。以下では『工学部ヒラノ教授のアメリカ武者修行』（新潮文庫、二〇一三）に記した文章を引用しよう。


大金持ちのスタンフォード大学は、一九九一年の創立一〇〇周年記念事業の一環として、募金活動を行った。目標金額は一一億ドル（当時のドル円レートで一三〇〇億円）である。

この数字を見たヒラノ教授は、さすがはスタンフォードと唸った。なぜなら、一五年ほど前に行われた、東京大学の一〇〇周年記念募金の目標は、一〇分の一の一〇〇億円だったからである。

ではどれだけのお金が集まったか。スタンフォードは目標を上回る一五二三億円、東大は目標の六割減の四〇億円である。

もちろん普通にやって、これほど集まるわけではない。三カ月ごとに学長や学部長から募金依頼が届くので、五〇〇ドル送ったところ、丁重な礼状が届いた。ところがそれでは十分でなかったと見えて、その後も度重ねて依頼状が届いた。根負けしてもう五〇〇ドル送ったところで放免されたが、東大一〇〇周年募金の時には一回しか依頼状が届かったのに比べると、桁違いのしつこさである。

スタンフォードの卒業生に年四回送られてくる「Benefactor（後援者）」というパンフレットには、一〇〇万ドル以上寄付した人の名前がリストアップされている。名前が載らない一〇万ドル単位の人たちを合わせれば、一年あたり五億ドル（五〇〇億円）以上である。

これに二兆円に及ぶ自己資金の運用益や、企業からの寄付や特許料収入などを加えれば、政府からの補助金や授業料のほかに、毎年一〇〇〇億円近い資金が流れ込んでいることになる（中略）。

アメリカが世界に誇る産業である〝大学〟に足を踏み入れるたびに、ヒラノ教授はアンビバレントな気持ちになる。とてもかなうはずがないという絶望。日本の大学（工学部）は、貧しい割にはよく頑張っているという感慨が交錯するのである。

政治家や官僚はこの違いを知っているはずである（知らなければ怠慢である）。それにもかかわらず政府は、大学に対する投資を減らしているのである（後略）。

格差社会アメリカには、大勢の大金持ちが住んでいる。IT企業の経営者や顧問弁護士、花形スポーツ選手、映画スター、ウォール街の住民、などなど。彼らは現役を退いた後、使い切れない資産を、自分を育ててくれた大学に寄付するのである。

二一世紀に入ってから、日本も格差社会への道を直進している。アメリカほどではないにせよ、数十億の資産を持つ大金持ちは大勢いる。

政府や企業が大学にお金を出さないのであれば、大学はこれら大金持ちの協力を求めるしかない。幸い一〇〇年以上の歴史を持つ中央大学は、法曹界や産業界に有力なOBを擁している（その中には、少なからぬ大金持ちがいる）。

この際スタンフォードやハーバードなど、アメリカの有力私立大学や、慶応・早稲田の資金集めテクノロジーを手本に、白門会を総動員して、資金集めを行うべきではないだろうか。

私が中大に勤務している間に、創立一二五周年記念募金活動が行われた。ところが募金依頼があったのは、一度だけである。もう一度依頼状が来れば出さざるを得ないと思っていたが、定年を迎えるまで督促はなかった。

しかし私は退職直前に、一〇年間お世話になったご恩返しに、年収の五％に相当する大金を寄付した。そして年金生活に入った今も、度重ねて依頼があれば、退職時の一〇％程度の寄付をしたいと考えている。

身分不相応な大金を寄付したのは、中大在職中私は学生諸君に向かって、「諸君の可処分所得が一〇〇〇万円を超えたら、その中の一％以上を後輩のために寄付してください」と連呼していた責任を取ろうと思ったからである。

私のように、一回目は空振りでも、二回、三回と依頼すれば、協力してくれる人は少なくないはずだ。功成り名遂げたリッチなＯＢに集中攻撃をかければ、予想以上に多額な寄付が集まるかもしれない。

アメリカの大学の学長・学部長の最も重要な仕事は、資金集めと人集めである。お金があれば、施設を充実させること、有力な研究者を雇用すること、学生に奨学金を出すことができるし、様々なプロジェクトを走らせることもできる。

身もふたもないことを言うようだが、大学の行く末を握っているのは、一が資金力、二が人材、そして三、四がなくて、五が資金力なのである。

理事長が記者会見で発表したからには、後戻りはできない。全学、全ＯＢの知恵と財力を絞って、私が生きている間に、かつての栄光を取り戻してほしいものである。

あとがき

私はこれまで五年余りにわたって、〝工学部ヒラノ教授〟を名乗って、世間に知られることが少なかった「工学部」という組織と、そこに勤務するエンジニアの生態を紹介する本を書いてきた。

これらの本で取り上げたのは、主として私が一九年にわたって勤務した、東京工業大学という国立の理工系大学である。

東京大学と京都大学をはじめとする旧帝大グループも、地方の国立大学も、工学部というところは東工大と似通っている。もちろん大学ごとのカルチャー、教員や学生のレベル、資金力などには違いがあるが、東工大の状況を知れば、ほかの国立大学の状況もかなりの程度推測することができる。

一方この本で取り上げたのは、一〇年間勤務した中央大学の理工学部である。国立大学同士と違って、国立大学と私立大学の間には大きな違いがある。ヒラノ教授シリーズを読まれた方は、この本を読んでその違いに驚かれたかもしれない。

関東地区には、慶応・早稲田を頂点に、東京理科大、MARCHグループ、日・東・駒・専グループ以下様々な大学があり、大学ごとに違いがある。ところが工学部（理工学部）に関していえば、その中身はかなり似通っている。

関東地方にある私立大学理工学部の教員の八割以上は、東京大学、東京工業大学、慶応大学など、関東系の有力大学出身者で占められている。有力国立大学の理工学部はどこもよく似ている。したがって、中大理工学部の実態を知れば、その他の私立大学理工学部の実態もある程度知ることができる（このことは京都大学、大阪大学など関西系の有力大学出身者が多数を占める、関西系の私立大学にも当てはまる）。

これまで私は、後輩や学生たちに迷惑がかかることを懸念して、中大について書くことを控えてきた。東工大について書いたとき、〝あとを濁した〟飛ぶ鳥は、東工大教授諸氏の顰蹙を買ったからである。

それにも拘わらずこの本を書く気になったのは、中大ＯＢ諸氏から、中大についても書いてほしいという要望があったこと、そして私立大学の理工学部は、恵まれない環境のもとで頑張っているということを、読者諸氏に知ってもらいたかったからである。

三年前に出した『工学部ヒラノ教授』(新潮文庫)のあとがきに、私は次のような文章を書いた。

一九八〇年代初め、東工大は一分間に一回転する木馬だった。私はその乗り心地を存分に楽しませていただいた。ところが、その二〇年後に木馬から飛び降りた時、ばったりと地面に手をついてしまった。乗っている間は気が付かなかったが、いつの間にか回転数が二倍になっていたからである(後略)。

二〇〇一年に移籍した時、中大木馬の回転速度は東工大よりずっと緩やかだった。ところがその一〇年後には、かつての東工大木馬より速く回転していた。そして私は、中大木馬から飛び降りたとき、再び地面に手をついたのである。

木馬であれば、乗っている間に気が付いただろう、と言う人が居るかもしれないので、木馬でなく風呂と言い換えよう。

東工大や中大だけではない。全国各地の大学風呂は、文科省の窯焚き政策のおかげで、かなり過熱している。このまま加熱を続ければ、中にいる人間は、遠からず茹であがってしまうのではなかろうか。

このところ、日本人のノーベル賞受賞者が続出しているので、一般の人は日本の理工系大学は、今でも国際A級、悪くてもAマイナス級だと思っているかもしれない。しかしそれは違う。今ノーベル賞を貰っているのは、一九六〇年代に始まった理工系ブームの中で大学に入った世代である。

二〇〇八年にノーベル物理学賞を受賞した益川敏英教授は、ヒラノ元教授と同じ一九四〇年生まれであるが、先ごろ東京新聞に連載されたエッセイを読むと、助手・助教授時代には、研究（と組合活動）三昧の生活を送られたようだ。ノーベル賞を受賞した研究は、その時代に生まれたものである。

しかし現在の大学は、国立も私立も、民間企業以上に忙しい場所になった。このような状況の中で、政府は〝二〇二〇年までに、スーパーグローバル・トップ型一三校をはじめとする二〇の大学が、世界ランキングで一〇〇位以内に入ることを目指す〟と宣言した。しかし、その言葉をまともに受け取る大学関係者はいない。

実際はどうかと言えば、五年前に五つの大学が、イギリスの大学評価機関「THE」のランキングで一〇〇位以内に入っていたのに、二〇一六年には二つに減ってしまった。このままでは、遠からずゼロになる可能性もある。

これを避けるために、政府は窯焚き政策を一層強化するだろう。グローバル・スタンダード（実はアングロサクソン・スタンダード）の徹底、成果主義と競争的資金配分の重視、教員の業績査定を実施すべし、より多くの外国人留学生を受け入れるべし、英語による講義を増やすべし、エトセトラ。しかし、これらのグローバル化政策は、日本国民のためになるのだろうか。大学にお金を出さない政府が、笛だけ吹いても、一兆円以上の自己資金を持つアメリカの一流大学に追いつくことは不可能である（繰り返すが、日本の理工系大学は、貧乏な割に頑張っている）。この際政府は、大本営発表で国民を欺くことはやめて、日本国民を重視する大学行政に回帰すべきではなかろうか。

スーパーグローバル・トップ型一三大学には、THEランキング一〇〇位以内を目指して頑張っていただくとして、中大は今後どこを目指せばいいのか。

中央大学の最も重要なステークホルダーは、文科省ではなく、学生であり、その親たちであり、教職員である。彼らのすべてが、中大のグローバル化に賛成しているわけではない。外国人留学生を大量に受け入れることや、（東工大のように）すべての授業を英語で実施することに賛成する人は、どれだけいるだろうか。

すべての大学がグローバル化を図るより、スーパー・グローバル三七大学の選に洩れたのを奇貨として、逆張り戦略を考えてもいいのではなかろうか。今後は、これまでのように、直線的にグローバリゼーションが進行するとは思えないからである。

これまでの中大理工学部の教育負担は軽くはなかったが、過重でもなかった。工夫次第では、

（十分とは言えないまでも）研究時間を取ることが出来た。優秀な学生と協力して研究成果を上げることも出来た。

また、研究より教育の方が重要だと考える教員は、教育活動に集中しても不都合はなかった。研究という営みには、人によって適・不適がある。しかも、ほとんどの研究は、一年後には忘れ去られるような代物である。

そのようなことに時間を費やすより、学生をしっかり教育する方が大事だと考える人は、そうすることが許されていた。つまり、風呂は以前より熱くなっていたが、我慢できないほどではなかった。

中大は政府の笛に踊らされることなく、実務者育成のための学部教育と、高度な技術者を育てるための修士教育を重視するのが賢明だと思われるが、どうだろうか。

それではＭＡＲＣＨグループから脱落する、と心配する人もいるだろう。しかし私は、現在のような論文量産競争はいずれ終わると考えている。これから先は論文は数よりも質が重視される時代がやってくる。そもそも適性を考えず、すべての大学教員に論文量産をプッシュするのは、すべての工学部教授に特許取得をプッシュするのと同じくらいむなしいことである。

学生や親たちが中大に求めているものは、社会の変化に対応できる柔軟な実務家の育成なのだから。

最後になったが、大学時代の同期生である竹山協三・中央大学名誉教授には、中大在職中の一〇年間にわたって大変お世話になった。そして定年退職後は、愛読者として熱い激励をたまわった。また青土社の菱沼達也氏にも、これまで以上にお世話になった。厚くお礼申し上げる次第である。

二〇一七年二月

今野浩

著者　今野浩（こんの・ひろし）
一九四〇年生まれ。専門はORと金融工学。東京大学工学部卒業、スタンフォード大学OR学科修了。Ph.D., 工学博士。筑波大学助教授、東京工業大学教授、中央大学教授、日本OR学会会長を歴任。著書に『工学部ヒラノ教授』、『工学部ヒラノ教授の事件ファイル』、『工学部ヒラノ教授のアメリカ武者修行』（以上、新潮社）、『工学部ヒラノ助教授の敗戦』、『工学部ヒラノ教授と七人の天才』、『工学部ヒラノ名誉教授の告白』、『工学部ヒラノ教授の青春』、『工学部ヒラノ教授と昭和のスーパー・エンジニア』、『工学部ヒラノ教授の介護日誌』、『工学部ヒラノ教授とおもいでの弁当箱』（以上、青土社）、『ヒラノ教授の線形計画法物語』（岩波書店）など。

工学部ヒラノ教授の中央大学奮戦記

2017年3月21日　第1刷印刷
2017年3月30日　第1刷発行

著者――今野浩

発行人――清水一人
発行所――青土社
〒101-0051　東京都千代田区神田神保町1-29　市瀬ビル
［電話］03-3291-9831（編集）　03-3294-7829（営業）
［振替］00190-7-192955

印刷・製本――シナノ印刷

装幀――クラフト・エヴィング商會

Printed in Japan
ISBN978-4-7917-6980-3　C0095